쉽고 빠르게 쓰기 위한

# 영어 필기체 따라쓰기

| 한국두뇌개발교육원·한국기억술연구원 손 동 조 지음 |

BM (주)도서출판 성안당

Foreign Copyright:
Joonwon Lee
Address: 3F, 127, Yanghwa-ro, Mapo-gu, Seoul, Republic of Korea
   3rd Floor
Telephone: 82-2-3142-4151
E-mail: jwlee@cyber.co.kr

## 쉽고 빠르게 쓰기 위한
# 영어 필기체 따라쓰기

2016. 1. 12. 1판 1쇄 발행
2021. 6. 8. 1판 3쇄 발행

지은이 | 손동조
펴낸이 | 이종춘
펴낸곳 |  ㈜도서출판 **성안당**

주소 | 04032 서울시 마포구 양화로 127 첨단빌딩 3층(출판기획 R&D 센터)
     | 10881 경기도 파주시 문발로 112 파주 출판 문화도시(제작 및 물류)
전화 | 02) 3142-0036
     | 031) 950-6300
팩스 | 031) 955-0510
등록 | 1973.2.1 제406-2005-000046호
출판사 홈페이지 | www.cyber.co.kr
ISBN | 978-89-315-7905-5 (13740)
정가 | 10,000원

### 이 책을 만든 사람들
기획 | 최옥현
진행 | 정지현
본문 디자인 | 김인환
표지 디자인 | 박현정
홍보 | 김계향, 유미나, 서세원
국제부 | 이선민, 조혜란, 김혜숙
마케팅 | 구본철, 차정욱, 나진호, 이동후, 강호묵
마케팅 지원 | 장상범, 박지연
제작 | 김유석

이 책의 어느 부분도 저작권자나 BM ㈜도서출판 **성안당** 발행인의 승인 문서 없이 일부 또는 전부를 사진 복사나 디스크 복사 및 기타 정보 재생 시스템을 비롯하여 현재 알려지거나 향후 발명될 어떤 전기적, 기계적 또는 다른 수단을 통해 복사하거나 재생하거나 이용할 수 없음.

■ 도서 A/S 안내

성안당에서 발행하는 모든 도서는 저자와 출판사, 그리고 독자가 함께 만들어 나갑니다.
좋은 책을 펴내기 위해 많은 노력을 기울이고 있습니다. 혹시라도 내용상의 오류나 오탈자 등이 발견되면 "좋은 **책은 나라의 보배**"로서 우리 모두가 함께 만들어 간다는 마음으로 연락주시기 바랍니다. 수정 보완하여 더 나은 책이 되도록 최선을 다하겠습니다.
성안당은 늘 독자 여러분들의 소중한 의견을 기다리고 있습니다. 좋은 의견을 보내주시는 분께는 성안당 쇼핑몰의 포인트(3,000포인트)를 적립해 드립니다.
잘못 만들어진 책이나 부록 등이 파손된 경우에는 교환해 드립니다.

## 머리말

### 영어 자신감으로 이어지는 영어 필기체 따라 쓰기

영어 필기체는 우리 생활에서 의외로 자주 사용됩니다. 간단하게는 사인을 하거나 메모를 할 때 쓰이고, 영단어를 암기할 때 쓰면서 단어를 빨리 암기하기 위해서도 많이 사용됩니다. 유학 준비생, 해외 근무자들도 의외로 영어 필기체를 쓸 일이 많기 때문에 미리미리 쓰기 연습을 해두는 경우가 많습니다. 또한 꼭 필요에 의해서 보다는 영어 필기체를 멋있게 쓰기 위해서 연습하는 사람들도 있습니다.

이 책은 이러한 사람들을 위한 영어 필기체 쓰기 가이드북으로 이 한권으로 연습하면 만족스러운 영어 필기체를 완성할 수 있도록 구성하였습니다.

필기체를 잘 쓰기 위해서는 가장 먼저 직선과 곡선에 익숙해지도록 기본 선 긋기부터 충분히 연습을 해야 합니다. 필기체 연습에서 가장 중요한 부분이 이어쓰기인데, 알파벳을 통해 기본적인 이어 쓰는 연습을 합니다. 그리고 짧은 단어, 단어 연습에 익숙해진 후에는 생활 속에서 활용이 가능한 문장쓰기 연습을 통해 필기체를 완성합니다. 문자마다 어떤 모양으로 시작하고, 끝나는지를 파악하여 자연스럽게 연결할 수 있도록 합니다.

글자의 크기를 일정하게 하면서 굴곡 없이 수평을 맞추어 글씨를 써 나가면 바른 글자체가 됩니다. 정렬된 글자는 내용이 한 눈에 들어와 정확하고 빠르게 문장을 파악할 수 있게 도와줍니다.

이 책은 짧은 시간 안에 쉽고, 빠르게 그리고 정확하게 영어 필기체 능력을 습득할 수 있도록 안내할 것입니다.

한국기억술연구원 손 동 조 원장

# The Al

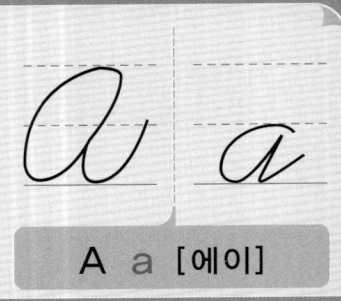
A a [에이]

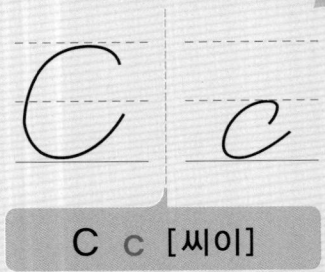
C c [씨이]

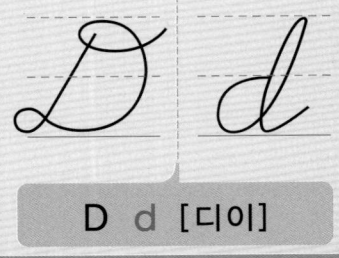
D d [디이]

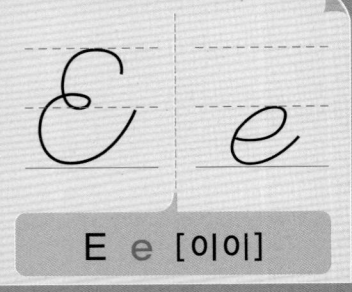
E e [이이]

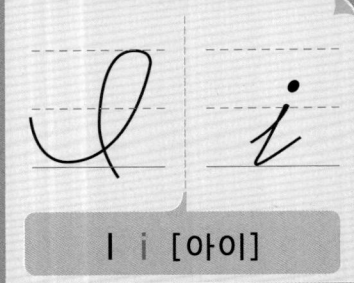
I i [아이]

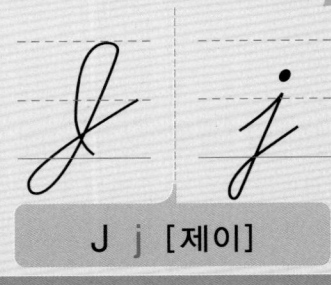
J j [제이]

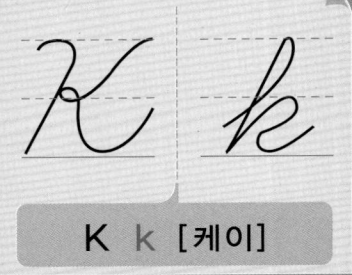
K k [케이]

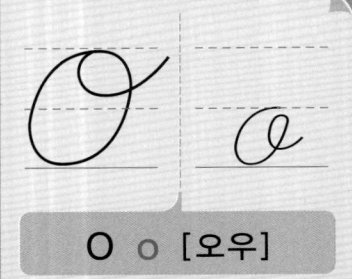
O o [오우]

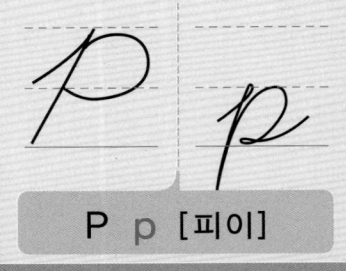
P p [피이]

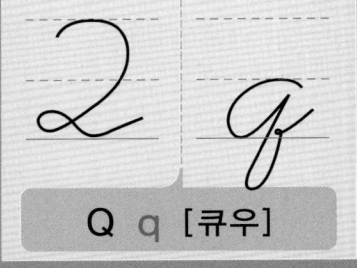
Q q [큐우]

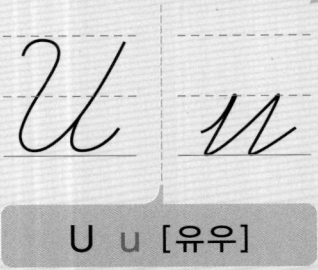
U u [유우]

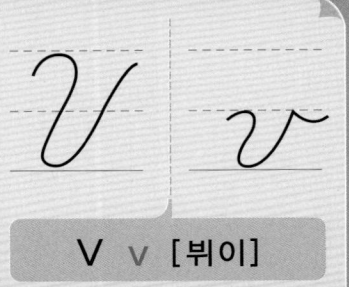
V v [뷔이]

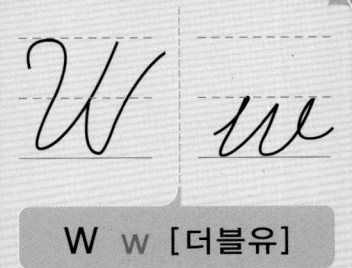
W w [더블유]

# phabet

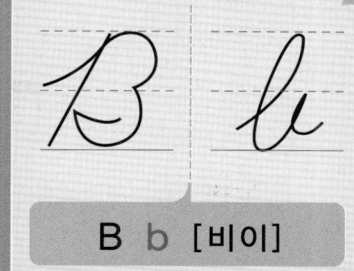
B b [비이]

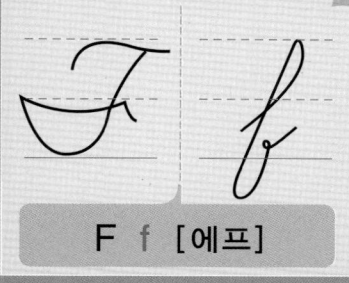
F f [에프]

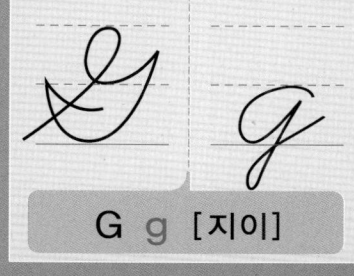
G g [지이]

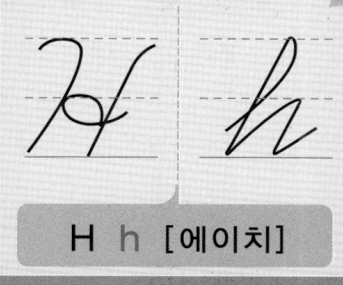
H h [에이치]

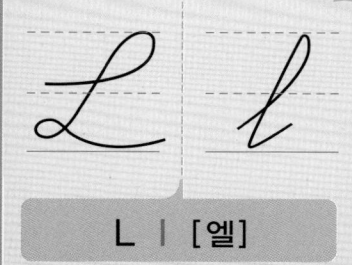
L l [엘]

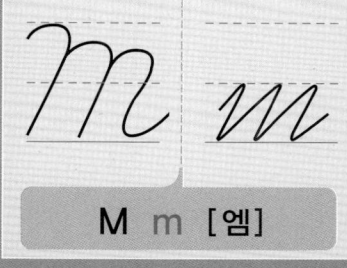
M m [엠]

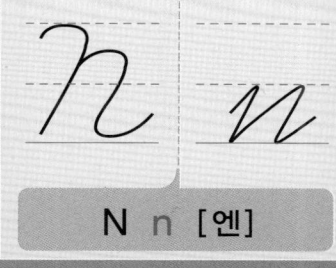
N n [엔]

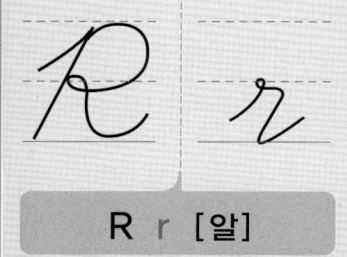
R r [알]

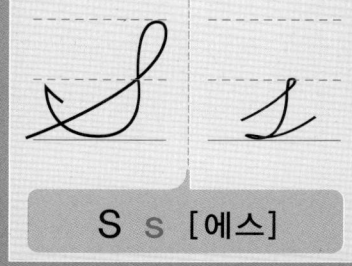
S s [에스]

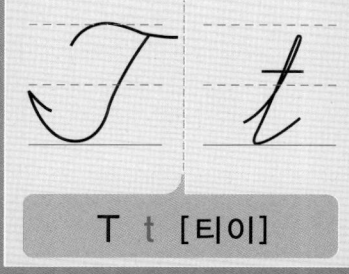
T t [티이]

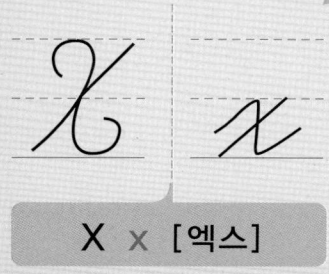
X x [엑스]

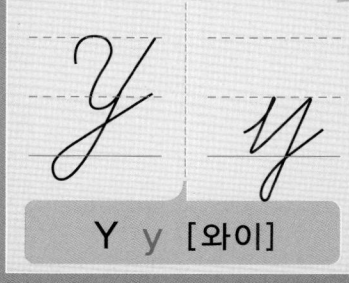
Y y [와이]

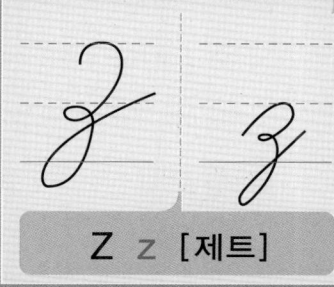
Z z [제트]

## 차례

머리말 ································································· 3
The Alphabat ······················································ 4

### Part 01  필기체를 쓰기 위한 기본선 긋기 연습
영어 필기체를 쓰기 위한 기본선 긋기 [1]~[10] ····················· 8

### Part 02  알파벳[Alphabet] 쓰기 연습
알파벳 인쇄체 대문자 쓰기 연습 [1]~[2] ····························· 20
알파벳 인쇄체 소문자 쓰기 연습 [1]~[2] ····························· 22
알파벳 필기체 대문자 쓰기 연습 [1]~[2] ····························· 24
알파벳 필기체 소문자 쓰기 연습 [1]~[2] ····························· 26
알파벳 필기체 이어 쓰기 연습 [1]~[2] ······························· 28
알파벳 필기체 완성하기 [1]~[3] ········································ 30

### Part 03  단어[Words] 쓰기 연습
숫자[Numbers] 영어 필기체로 쓰기 연습 [1]~[10] ················ 34
사계절[Four Seasons] 영어 필기체로 쓰기 연습 [1] ················ 44
무지개색[Rainbow colors] 영어 필기체로 쓰기 연습 [1]~[3] ····· 45
요일[Day of the weeks] 영어 필기체로 쓰기 연습 [1]~[2] ······· 48
월[Months] 영어 필기체로 쓰기 연습 [1]~[2] ······················· 50
a~z Words 영어 필기체로 쓰기 연습 [1]~[26] ···················· 54

### Part 04  문장[Sentence] 쓰기 연습
Greeting Sentence 영어 필기체로 쓰기 연습 [1]~[3] ············ 82
Thank Sentence 영어 필기체로 쓰기 연습 [1]~[4] ················ 85
Sorry Sentence 영어 필기체로 쓰기 연습 [1]~[4] ················· 89
Family Sentence 영어 필기체로 쓰기 연습 [1]~[4] ··············· 93
Saying Sentence 영어 필기체로 쓰기 연습 [1]~[4] ··············· 97
Note Sentence 영어 필기체로 쓰기 연습 [1]~[2] ················ 101
Brain Sentence 영어 필기체로 쓰기 연습 [1]~[2] ················ 103
Phone Sentence 영어 필기체로 쓰기 연습 [1]~[2] ··············· 105
Korea Sentence 영어 필기체로 쓰기 연습 [1]~[2] ··············· 107
Zoo Sentence 영어 필기체로 쓰기 연습 [1]~[2] ·················· 109
Wash Sentence 영어 필기체로 쓰기 연습 [1]~[2] ················ 111
Weather Sentence 영어 필기체로 쓰기 연습 [1]~[2] ············ 113
Etiquette Sentence 영어 필기체로 쓰기 연습 [1]~[2] ··········· 115
Job Sentence 영어 필기체로 쓰기 연습 [1]~[2] ··················· 117
Dream Sentence 영어 필기체로 쓰기 연습 [1]~[2] ··············· 119
Happy Sentence 영어 필기체로 쓰기 연습 [1]~[3] ··············· 121

### Part 05  한글의 영어 표기법
자음·단모음·이중모음의 영어 표기법 ································ 126
한글 이름 영어 표기법 정확하게 익히기 [1]~[8] ·················· 127

Part **01** 필기체를 쓰기 위한
**기본선 긋기 연습**

• 영어 필기체를 쓰기 위한 기본선 긋기

## 영어 필기체를 쓰기 위한 기본선 긋기 [1]

♣ 기본선 긋기를 따라 바르게 연습하세요.

1. 아래에서 위로 ℓ 선 이어 긋기

2. 위에서 아래로 ⅋ 선 이어 긋기

3. 위에서 아래로 ℊ 선 이어 긋기

4. 아래에서 위로 ℴ 선 이어 긋기

5. 아래에서 위로 𝓂 선 이어 긋기

# 영어 필기체를 쓰기 위한 기본선 긋기 [2]

♣ 기본선 긋기를 따라 바르게 연습하세요.

**6.** 아래에서 위로 선 이어 긋기

**7.** 위에서 아래로 선 이어 긋기

**8.** 아래에서 위로 선 이어 긋기

**9.** 위에서 아래로 선 이어 긋기

**10.** 위에서 아래로 선 이어 긋기

## 영어 필기체를 쓰기 위한 기본선 긋기 [3]

♣ 기본선 긋기를 따라 바르게 연습하세요.

**1.** 아래에서 위로 ℓ 선 이어 긋기

**2.** 위에서 아래로 𝒶 선 이어 긋기

**3.** 위에서 아래로 𝟪 선 이어 긋기

**4.** 아래에서 위로 ℴ 선 이어 긋기

**5.** 아래에서 위로 𝓂 선 이어 긋기

# 영어 필기체를 쓰기 위한 기본선 긋기 [4]

♣ 기본선 긋기를 따라 바르게 연습하세요.

**6.** 아래에서 위로 선 이어 긋기

**7.** 위에서 아래로 선 이어 긋기

**8.** 아래에서 위로 선 이어 긋기

**9.** 위에서 아래로 선 이어 긋기

**10.** 위에서 아래로 선 이어 긋기

## 영어 필기체를 쓰기 위한 기본선 긋기 [5]

♣ 기본선 긋기를 따라 바르게 연습하세요.

1. 아래에서 위로 *l* 선 이어 긋기

2. 위에서 아래로 *𝒶* 선 이어 긋기

3. 위에서 아래로 *8* 선 이어 긋기

4. 아래에서 위로 *o* 선 이어 긋기

5. 아래에서 위로 *m* 선 이어 긋기

# 영어 필기체를 쓰기 위한 기본선 긋기 [6]

♣ 기본선 긋기를 따라 바르게 연습하세요.

**6.** 아래에서 위로 선 이어 긋기

**7.** 위에서 아래로 선 이어 긋기

**8.** 아래에서 위로 선 이어 긋기

**9.** 위에서 아래로 선 이어 긋기

**10.** 위에서 아래로 선 이어 긋기

## 영어 필기체를 쓰기 위한 기본선 긋기 [7]

♣ 기본선 긋기를 따라 바르게 연습하세요.

1. 아래에서 위로 ℓ 선 이어 긋기

2. 위에서 아래로 ϑ 선 이어 긋기

3. 위에서 아래로 8 선 이어 긋기

4. 아래에서 위로 ℚ 선 이어 긋기

5. 아래에서 위로 𝑚 선 이어 긋기

# 영어 필기체를 쓰기 위한 기본선 긋기 [8]

♣ 기본선 긋기를 따라 바르게 연습하세요.

**6.** 아래에서 위로 선 이어 긋기

**7.** 위에서 아래로 선 이어 긋기

**8.** 아래에서 위로 선 이어 긋기

**9.** 위에서 아래로 선 이어 긋기

**10.** 위에서 아래로 선 이어 긋기

## 영어 필기체를 쓰기 위한 기본선 긋기 [9]

♣ 기본선 긋기를 따라 바르게 연습하세요.

**1.** 아래에서 위로 ℓ 선 이어 긋기

**2.** 위에서 아래로 𝒪 선 이어 긋기

**3.** 위에서 아래로 8 선 이어 긋기

**4.** 아래에서 위로 ℴ 선 이어 긋기

**5.** 아래에서 위로 𝑀 선 이어 긋기

# 영어 필기체를 쓰기 위한 기본선 긋기 [10]

♣ 기본선 긋기를 따라 바르게 연습하세요.

**6.** 아래에서 위로 선 이어 긋기

**7.** 위에서 아래로 선 이어 긋기

**8.** 아래에서 위로 선 이어 긋기

**9.** 위에서 아래로 선 이어 긋기

**10.** 위에서 아래로 선 이어 긋기

# 영어 필기체를 쓰기 위한 기본선 긋기

♣ 기본선 긋기를 자유롭게 연습하세요.

Part **알파벳 [Alphabet] 쓰기 연습** 02

- 알파벳 인쇄체 대문자 쓰기 연습
- 알파벳 인쇄체 소문자 쓰기 연습
- 알파벳 필기체 대문자 쓰기 연습
- 알파벳 필기체 소문자 쓰기 연습
- 알파벳 필기체 이어 쓰기 연습
- 알파벳 필기체 완성하기

# 알파벳 인쇄체 대문자 쓰기 연습 [1]

♣ 알파벳 글자선을 따라 연필로 천천히 써 보세요.

1. [알파벳] A ~ I 반복 쓰기

| 에이 | 비이 | 씨이 | 디이 | 이이 | 에프 | 지이 | 에이치 | 아이 |
|---|---|---|---|---|---|---|---|---|
| A | B | C | D | E | F | G | H | I |

[알파벳] A ~ I 반복 쓰기

A B C D E F G H I

[알파벳] A ~ I 반복 쓰기

A B C D E F G H I

2. [알파벳] J ~ R 반복 쓰기

| 제이 | 케이 | 엘 | 엠 | 엔 | 오우 | 피이 | 큐우 | 알 |
|---|---|---|---|---|---|---|---|---|
| J | K | L | M | N | O | P | Q | R |

[알파벳] J ~ R 반복 쓰기

J K L M N O P Q R

[알파벳] J ~ R 반복 쓰기

J K L M N O P Q R

# 알파벳 인쇄체 대문자 쓰기 연습 [2]
♣ 알파벳 글자선을 따라 연필로 천천히 써 보세요.

3. [알파벳] S ~ Z 반복 쓰기

| 에스 | 티이 | 유우 | 뷔이 | 더블유 | 엑스 | 와이 | 제트 |

S T U V W X Y Z

[알파벳] S ~ Z 반복 쓰기

S T U V W X Y Z

[알파벳] S ~ Z 반복 쓰기

S T U V W X Y Z

[알파벳] A ~ Z까지 연속 쓰기

| 에이 | 비이 | 씨이 | 디이 | 이이 | 에프 | 지이 | 에이치 | 아이 |

A B C D E F G H I

| 제이 | 케이 | 엘 | 엠 | 엔 | 오우 | 피이 | 큐우 | 알 |

J K L M N O P Q R

| 에스 | 티이 | 유우 | 뷔이 | 더블유 | 엑스 | 와이 | 제트 |

S T U V W X Y Z

# 알파벳 인쇄체 소문자 쓰기 연습 [1]

♣ 알파벳 글자선을 따라 연필로 천천히 써 보세요.

1. [알파벳] a ~ i 반복 쓰기

에이   비이   씨이   디이   이이   에프   지이   에이치   아이
a     b     c     d     e     f     g     h       i

[알파벳] a ~ i 반복 쓰기
a     b     c     d     e     f     g     h       i

[알파벳] a ~ i 반복 쓰기
a     b     c     d     e     f     g     h       i

2. [알파벳] j ~ r 반복 쓰기

제이   케이   엘   엠   엔   오우   피이   큐우   알
j     k     l    m    n    o      p     q     r

[알파벳] j ~ r 반복 쓰기
j     k     l    m    n    o      p     q     r

[알파벳] j ~ r 반복 쓰기
j     k     l    m    n    o      p     q     r

# 알파벳 인쇄체 소문자 쓰기 연습 [2]
♣ 알파벳 글자선을 따라 연필로 천천히 써 보세요.

3. [알파벳] s ~ z 반복 쓰기

| 에스 | 티이 | 유우 | 뷔이 | 더블유 | 엑스 | 와이 | 제트 |
|---|---|---|---|---|---|---|---|
| s | t | u | v | w | x | y | z |

[알파벳] s ~ z 반복 쓰기

s t u v w x y z

[알파벳] s ~ z 반복 쓰기

s t u v w x y z

[알파벳] a ~ z 까지 연속 쓰기

| 에이 | 비이 | 씨이 | 디이 | 이이 | 에프 | 지이 | 에이치 | 아이 |
|---|---|---|---|---|---|---|---|---|
| a | b | c | d | e | f | g | h | i |

| 제이 | 케이 | 엘 | 엠 | 엔 | 오우 | 피이 | 큐우 | 알 |
|---|---|---|---|---|---|---|---|---|
| j | k | l | m | n | o | p | q | r |

| 에스 | 티이 | 유우 | 뷔이 | 더블유 | 엑스 | 와이 | 제트 |
|---|---|---|---|---|---|---|---|
| s | t | u | v | w | x | y | z |

# 알파벳 필기체 대문자 쓰기 연습 [1]

♣ 알파벳 글자선을 따라 연필로 천천히 써 보세요.

1. [알파벳] A ~ I 반복 쓰기

| 에이 | 비이 | 씨이 | 디이 | 이이 | 에프 | 지이 | 에이치 | 아이 |

[알파벳] A ~ I 반복 쓰기

[알파벳] A ~ I 반복 쓰기

2. [알파벳] J ~ R 반복 쓰기

| 제이 | 케이 | 엘 | 엠 | 엔 | 오우 | 피이 | 큐우 | 알 |

[알파벳] J ~ R 반복 쓰기

[알파벳] J ~ R 반복 쓰기

# 알파벳 필기체 대문자 쓰기 연습 [2]
♣ 알파벳 글자선을 따라 연필로 천천히 써 보세요.

### 3. [알파벳] S ~ Z 반복 쓰기

| 에스 | 티이 | 유우 | 뷔이 | 더블유 | 엑스 | 와이 | 제트 |

### [알파벳] S ~ Z 반복 쓰기

### [알파벳] S ~ Z 반복 쓰기

### [알파벳] A ~ Z까지 연속 쓰기

| 에이 | 비이 | 씨이 | 디이 | 이이 | 에프 | 지이 | 에이치 | 아이 |

| 제이 | 케이 | 엘 | 엠 | 엔 | 오우 | 피이 | 큐우 | 알 |

| 에스 | 티이 | 유우 | 뷔이 | 더블유 | 엑스 | 와이 | 제트 |

# 알파벳 필기체 소문자 쓰기 연습 [1]

♣ 알파벳 글자선을 따라 연필로 천천히 써 보세요.

1. [알파벳] a ~ i 반복 쓰기

| 에이 | 비이 | 씨이 | 디이 | 이이 | 에프 | 지이 | 에이치 | 아이 |
| --- | --- | --- | --- | --- | --- | --- | --- | --- |
| a | b | c | d | e | f | g | h | i |

[알파벳] a ~ i 반복 쓰기

[알파벳] a ~ i 반복 쓰기

2. [알파벳] j ~ r 반복 쓰기

| 제이 | 케이 | 엘 | 엠 | 엔 | 오우 | 피이 | 큐우 | 알 |
| --- | --- | --- | --- | --- | --- | --- | --- | --- |
| j | k | l | m | n | o | p | q | r |

[알파벳] j ~ r 반복 쓰기

[알파벳] j ~ r 반복 쓰기

# 알파벳 필기체 소문자 쓰기 연습 [2]

♣ 알파벳 글자선을 따라 연필로 천천히 써 보세요.

3. [알파벳] s ~ z 반복 쓰기

| 에스 | 티이 | 유우 | 뷔이 | 더블유 | 엑스 | 와이 | 제트 |
|------|------|------|------|--------|------|------|------|
| s | t | u | v | w | x | y | z |

[알파벳] s ~ z 반복 쓰기

s t u v w x y z

[알파벳] s ~ z 반복 쓰기

s t u v w x y z

[알파벳] a ~ z까지 연속 쓰기

| 에이 | 비이 | 씨이 | 디이 | 이이 | 에프 | 지이 | 에이치 | 아이 |
|------|------|------|------|------|------|------|--------|------|
| a | b | c | d | e | f | g | h | i |

| 제이 | 케이 | 엘 | 엠 | 엔 | 오우 | 피이 | 큐우 | 알 |
|------|------|----|----|----|------|------|------|----|
| j | k | l | m | n | o | p | q | r |

| 에스 | 티이 | 유우 | 뷔이 | 더블유 | 엑스 | 와이 | 제트 |
|------|------|------|------|--------|------|------|------|
| s | t | u | v | w | x | y | z |

# 알파벳 필기체 이어 쓰기 연습 [1]

♣ 아래 연결된 알파벳 글자선을 따라 연필로 예쁘게 써 보세요.

*abcdefghijklmnopqrstuvwxyz*

*abcdefghijklmnopqrstuvwxyz*

*abcdefghijklmnopqrstuvwxyz*

*abcdefghijklmnopqrstuvwxyz*

*abcdefghijklmnopqrstuvwxyz*

[a ~ z 연결하여 쓰기]

# 알파벳 필기체 이어 쓰기 연습 [2]

♣ 아래 연결된 알파벳 글자선을 따라 연필로 예쁘게 써 보세요.

abcdefghijklmnopqrstuvwxyz

abcdefghijklmnopqrstuvwxyz

abcdefghijklmnopqrstuvwxyz

abcdefghijklmnopqrstuvwxyz

abcdefghijklmnopqrstuvwxyz

[a ~ z 연결하여 쓰기]

# 알파벳 필기체 완성하기 [1]

♣ 아래 없어진 알파벳을 연필로 써서 완성해 보세요.

*abcdefghijklmnopqrstuvwxyz*

*a c e g i k m o q s u w y*

*a c e g i k m o q s u w y*

*a c e g i k m o q s u w y*

*a c e g i k m o q s u w y*

[a ~ z 연결하여 완성하기]

# 알파벳 필기체 완성하기 [2]

♣ 아래 없어진 알파벳을 연필로 써서 완성해 보세요.

abcdefghijklmnopqrstuvwxyz

a c e g i k m o q s u w y

a c e g i k m o q s u w y

a c e g i k m o q s u w y

a c e g i k m o q s u w y

[a ~ z 연결하여 완성하기]

# 알파벳 필기체 완성하기 [3]

♣ 아래 없어진 알파벳을 연필로 써서 완성해 보세요.

*abcdefghijklmnopqrstuvwxyz*

*a c e g i k m o q s u w y*

*a c e g i k m o q s u w y*

*a c e g i k m o q s u w y*

*a c e g i k m o q s u w y*

[a ~ z 연결하여 완성하기]

Part **단어 [Words] 쓰기 연습** 03

- 숫자 [Numbers] 영어 필기체로 쓰기 연습
- 사계절 [Four Seasons] 영어 필기체로 쓰기 연습
- 무지개색 [Rainbow colors] 영어 필기체로 쓰기 연습
- 요일 [Day of the weeks] 영어 필기체로 쓰기 연습
- 월 [Months] 영어 필기체로 쓰기 연습
- a~z Words 영어 필기체로 쓰기 연습

# 숫자 [Numbers] 영어 필기체로 쓰기 연습 [1]

✱ 숫자를 영어 필기체로 예쁘고 바르게 써 보세요.

### [1] one 원

*one    one    one    one    one*

[단어 완성하기]

*one    on    o    o*


### [2] two 투

*two    two    two    two    two*

[단어 완성하기]

*two    tw    t    t*


### [3] three 쓰리이

*three    three    three    three    three*

[단어 완성하기]

*thre    thr    th*

## 숫자 [Numbers] 영어 필기체로 쓰기 연습 [2]

✱ 숫자를 영어 필기체로 예쁘고 바르게 써 보세요.

[4] four 포오

*four* *four* *four* *four* *four*

[단어 완성하기]

*four* *fou* *fo* *f*

[5] five 파이브

*five* *five* *five* *five* *five*

[단어 완성하기]

*five* *fiv* *fi* *f*

[6] six 식스

*six* *six* *six* *six* *six*

[단어 완성하기]

*six* *si* *s* *s*

## 숫자 [Numbers] 영어 필기체로 쓰기 연습 [3]

✱ 숫자를 영어 필기체로 예쁘고 바르게 써 보세요.

### [7] seven 세븐

*seven seven seven seven seven*

[단어 완성하기]

*seven seve sev*

### [8] eight 에잇

*eight eight eight eight eight*

[단어 완성하기]

*eight eigh eig*

### [9] nine 나인

*nine nine nine nine nine*

[단어 완성하기]

*nine nin ni*

# 숫자 [Numbers] 영어 필기체로 쓰기 연습 [4]

✱ 숫자를 영어 필기체로 예쁘고 바르게 써 보세요.

## [10] ten 텐

*ten     ten     ten     ten     ten*

[단어 완성하기]

*ten     te     t     t*

## [11] eleven 일레븐

*eleven    eleven    eleven    eleven    eleven*

[단어 완성하기]

*eleven    elev    ele*

## [12] twelve 트웰브

*twelve    twelve    twelve    twelve    twelve*

[단어 완성하기]

*twelve    twelv    twel*

# 숫자 [Numbers] 영어 필기체로 쓰기 연습 [5]

* 숫자를 영어 필기체로 예쁘고 바르게 써 보세요.

## [13] thirteen 서어티인

*thirteen thirteen thirteen thirteen thirteen*

[단어 완성하기]

*thirtee    thirte    thirt*

## [14] fourteen 포오티인

*fourteen fourteen fourteen fourteen fourteen*

[단어 완성하기]

*fourteen  fourte    fourt*

## [15] fifteen 피프티인

*fifteen fifteen fifteen fifteen fifteen*

[단어 완성하기]

*fifteen  fifte    fift*

# 숫자 [Numbers] 영어 필기체로 쓰기 연습 [6]

✱ 숫자를 영어 필기체로 예쁘고 바르게 써 보세요.

## [16] sixteen 식스티인

*sixteen  sixteen  sixteen  sixteen  sixteen*

[단어 완성하기]

*sixteen  sixte  sixt*

## [17] seventeen 세븐티인

*seventeen  seventeen  seventeen  seventeen*

[단어 완성하기]

*seventeen  sevent  seven*

## [18] eighteen 에이티인

*eighteen  eighteen  eighteen  eighteen*

[단어 완성하기]

*eighteen  eighte  eigh*

## 숫자 [Numbers] 영어 필기체로 쓰기 연습 [7]

✽ 숫자를 영어 필기체로 예쁘고 바르게 써 보세요.

[19] nineteen 나인티인

*nineteen   nineteen   nineteen   nineteen*

[단어 완성하기]

*nineteen   nine   nin*

[20] twenty 트웬티

*twenty   twenty   twenty   twenty   twenty*

[단어 완성하기]

*twenty   twen   twe*

[30] thirty 서어티

*thirty   thirty   thirty   thirty   thirty*

[단어 완성하기]

*thirty   thir   thi*

# 숫자 [Numbers] 영어 필기체로 쓰기 연습 [8]

✽ 숫자를 영어 필기체로 예쁘고 바르게 써 보세요.

[40] forty 포오티

*forty  forty  forty  forty  forty*

[단어 완성하기]

*forty  for  fo  f*

[50] fifty 피프티

*fifty  fifty  fifty  fifty  fifty*

[단어 완성하기]

*fifty  fif  fi  f*

[60] sixty 식스티

*sixty  sixty  sixty  sixty  sixty*

[단어 완성하기]

*sixty  sixt  six  s*

## 숫자 [Numbers] 영어 필기체로 쓰기 연습 [9]

✱ 숫자를 영어 필기체로 예쁘고 바르게 써 보세요.

[70] seventy 세븐티

*seventy* seventy seventy seventy seventy

[단어 완성하기]

seventy seve    sev

[80] eighty 에이티

*eighty* eighty eighty eighty eighty

[단어 완성하기]

eighty eigh    eig

[90] ninety 나인티

*ninety* ninety ninety ninety ninety

[단어 완성하기]

ninety nine    nin

# 숫자 [Numbers] 영어 필기체로 쓰기 연습 [10]

✱ 숫자를 영어 필기체로 예쁘고 바르게 써 보세요.

## [100] one hundred 원 헌드레드

*one hundred*    *one hundred*    *one hundred*

[단어 완성하기]

*o hundred    o hun*

## [1,000] thousand 싸우전드

*thousand*    *thousand*    *thousand*    *thousand*

[단어 완성하기]

*thousand thous*

## [1,000,000] million 밀리언

*million*    *million*    *million*    *million*    *million*

[단어 완성하기]

*million milli    mill*

## 사계절 [Four seasons] 영어 필기체로 쓰기 연습
✱ 사계절을 영어 필기체로 예쁘고 바르게 써 보세요.

[봄] spring 스프링

*spring   spring   spring   spring   spring*

*spring   spri   spr*

[여름] summer 썸머

*summer   summer   summer   summer*

*summer   summ   sum*

[가을] autumn 오텀

*autumn   autumn   autumn   autumn*

*autumn   autu   aut*

[겨울] winter 윈터

*winter   winter   winter   winter*

*winter   wint   win*

# 무지개색 [Rainbow colors] 영어 필기체로 쓰기 연습 [1]

✱ 무지개색을 영어 필기체로 예쁘고 바르게 써 보세요.

[빨강] red 레드

*red    red    red    red    red*

[단어 완성하기]

*red    re    r    r*


[주황] orange 어렌지

*orange   orange   orange   orange   orange*

[단어 완성하기]

*orange   oran   ora*


[노랑] yellow 옐로우

*yellow   yellow   yellow   yellow   yellow*

[단어 완성하기]

*yellow   yella   yell*

## 무지개색 [Rainbow colors] 영어 필기체로 쓰기 연습 [2]

✱ 무지개색을 영어 필기체로 예쁘고 바르게 써 보세요.

[초록] green 그리이인

*green   green   green   green   green*

[단어 완성하기]

*green   gree   gr*

[파랑] blue 블루우

*blue   blue   blue   blue   blue*

[단어 완성하기]

*blue   blu   bl   b*

[남색] indigo blue 인디고우 블루우

*indigo blue   indigo blue   indigo blue*

[단어 완성하기]

*indigo blue   indigo*

# 무지개색 [Rainbow colors] 영어 필기체로 쓰기 연습 [3]

*무지개색을 영어 필기체로 예쁘고 바르게 써 보세요.

**[보라]** violet 바이어릿

*violet   violet   violet   violet   violet*

[단어 완성하기]

*violet   viol   vio*

**[검정]** black 블랙

*black   black   black   black   black*

[단어 완성하기]

*black   bla   bl*

**[흰색]** white 화이트

*white   white   white   white   white*

[단어 완성하기]

*white   whi   wh*

# 요일 [Day of the weeks] 영어 필기체로 쓰기 연습 [1]

✱ 요일을 영어 필기체로 예쁘고 바르게 써 보세요.

**[일요일]** sunday 선데이

*sunday   sunday   sunday   sunday*

*sunday   sund   sun*

**[월요일]** monday 먼데이

*monday   monday   monday   monday*

*monday   mond   mon*

**[화요일]** tuesday 튜즈데이

*tuesday   tuesday   tuesday   tuesday*

*tuesday   tuesd   tues*

**[수요일]** wednesday 웬즈데이

*wednesday   wednesday   wednesday*

# 요일 [Day of the weeks] 영어 필기체로 쓰기 연습 [2]

✱ 요일을 영어 필기체로 예쁘고 바르게 써 보세요.

*wednesday    wednesday*

**[목요일]** thursday 떨스데이

*thursday    thursday    thursday*

*thursday    thurs*

**[금요일]** friday 프라이데이

*friday    friday    friday    friday*

*friday    frida    fri*

**[토요일]** saturday 새러데이

*saturday    saturday    saturday*

*saturday    satur*

# 월 [Months] 영어 필기체로 쓰기 연습 [1]

✱ 1~12월까지 영어 필기체로 예쁘고 바르게 써 보세요.

[1월] january 재뉴어리

*january*　　*january*　　*january*

[단어 완성하기]

*january*　　*janu*

[2월] february 페이브러리

*february*　　*february*　　*february*

[단어 완성하기]

*february*　　*febru*

[3월] march 마아치

*march*　　*march*　　*march*　　*march*

[단어 완성하기]

*march*　　*mar*　　*ma*

# 월 [Months] 영어 필기체로 쓰기 연습 [2]

✱ 1~12월까지 영어 필기체로 예쁘고 바르게 써 보세요.

[4월] april 에이프럴

*april   april   april   april   april*

[단어 완성하기]

*april   apr   ap*

[5월] may 메이

*may   may   may   may   may*

[단어 완성하기]

*may   ma   m*

[6월] june 주운

*june   june   june   june   june*

[단어 완성하기]

*june   jun   ju*

## 월 [Months] 영어 필기체로 쓰기 연습 [3]

✻ 1~12월을 영어 필기체로 예쁘고 바르게 써 보세요.

[7월] july 주울라이

*july    july    july    july    july*

[단어 완성하기]

*july    jul    ju*

[8월] august 어거스트

*august    august    august    august*

[단어 완성하기]

*august    aaug    au*

[9월] september 셉템버

*september    september    september*

[단어 완성하기]

*september    septem*

## 월 [Months] 영어 필기체로 쓰기 연습 [4]

✱ 1~12월을 영어 필기체로 예쁘고 바르게 써 보세요.

[10월] october 악토우버

*october*  *october*  *october*  *october*

[단어 완성하기]

*october*  *octo*  *oc*

[11월] november 노우벰버

*november*  *november*  *november*

[단어 완성하기]

*november*  *novem*

[12월] december 디셈버

*december*  *december*  *december*

[단어 완성하기]

*december*  *decem*

## *a~z* Words 영어 필기체로 쓰기 연습 [1]

✲ a~z까지의 단어를 영어 필기체로 예쁘고 바르게 써 보세요.

1. **a**ircraft 에어크래프트
   [항공기, 비행기]

   *aircraft*　　*aircraft*　　*aircraft*　　*aircraft*

   *aircraft*　　*airc*　　*air*

2. **a**partment 어파트먼트
   [아파트]

   *apartment*　　*apartment*　　*apartment*

   *apartm*　　*apa*

3. **a**unt 앤트
   [이모, 고모]

   *aunt*　*aunt*　*aunt*　*aunt*　*aunt*　*aunt*

   *aunt*　*aun*　*au*　*a*

54

## a~z Words 영어 필기체로 쓰기 연습 [2]

※ a~z까지의 단어를 영어 필기체로 예쁘고 바르게 써 보세요.

4. basketball 배스켓볼
   [농구, 농구공]

   *basketball*　　*basketball*　　*basketball*

   *basketball*　　*basket*

5. bandage 밴디쥐
   [붕대, 밴드]

   *bandage*　　*bandage*　　*bandage*　　*bandage*

   *bandage*　　*ban*　　*ba*

6. bathroom 배스룸
   [화장실]

   *bathroom*　　*bathroom*　　*bathroom*　　*bathroom*

   *bathroom*　　*bath*　　*ba*

# a~z Words 영어 필기체로 쓰기 연습 [3]

※ a~z까지의 단어를 영어 필기체로 예쁘고 바르게 써 보세요.

7. calendar 캘린더
   [달력, 일정]

   *calendar   calendar   calendar   calendar*

   *calendar   calend   cale*

8. church 처치
   [교회, 성당]

   *church   church   church   church   church*

   *church   chur   chu*

9. cheese 치이즈
   [치즈]

   *cheese   cheese   cheese   cheese   cheese*

   *cheese   chee   che*

## a~z Words 영어 필기체로 쓰기 연습 [4]

※ a~z까지의 단어를 영어 필기체로 예쁘고 바르게 써 보세요.

**10. dollar** 달러
 [달러]

*dollar    dollar    dollar    dollar    dollar*

*dollar    doll    dol*


**11. dictionary** 딕셔너리
 [사전]

*dictionary    dictionary    dictionary*

*dictionary    diction*


**12. duck** 덕
 [오리]

*duck    duck    duck    duck    duck    duck*

*duck    duc    du    d*

## a~z Words 영어 필기체로 쓰기 연습 [5]

※ a~z까지의 단어를 영어 필기체로 예쁘고 바르게 써 보세요.

13. earth 어스
    [지구, 땅, 흙]

*earth* earth earth earth earth earth

earth eart ear ea

14. eraser 이레이져
    [지우개]

*eraser* eraser eraser eraser eraser eraser

eraser erase eras era

15. eyelid 아일리드
    [눈꺼풀]

*eyelid* eyelid eyelid eyelid eyelid eyelid

eyelid eyeli eyel eye

## a~z Words 영어 필기체로 쓰기 연습 [6]

※ a~z까지의 단어를 영어 필기체로 예쁘고 바르게 써 보세요.

**16. factory** 팩토리
[공장]

*factory* factory factory factory factory

factory facto fact

**17. fisherman** 피셔맨
[어부]

*fisherman* fisherman fisherman

fisherman fisher

**18. flour** 플라어
[밀가루]

*flour* flour flour flour flour flour

fflour lou flo fl

## $a \sim z$ Words 영어 필기체로 쓰기 연습 [7]

※ a~z까지의 단어를 영어 필기체로 예쁘고 바르게 써 보세요.

19. gallery 갤러리
    [미술관]

    *gallery   gallery   gallery   gallery   gallery*

    *gallery   galler   gall*

20. golf 갈프
    [골프]

    *golf   golf   golf   golf   golf   golf   golf*

    *golf   golf   gol   go   g*

21. grapefruit 그레이프플루트
    [자몽]

    *grapefruit   grapefruit   grapefruit*

    *grapef   gra*

# a~z Words 영어 필기체로 쓰기 연습 [8]

※ a~z까지의 단어를 영어 필기체로 예쁘고 바르게 써 보세요.

22. hairdresser 헤어드레서
 [미용사]

*hairdresser   hairdresser   hairdresser*

*hairdresser   hairdre*

23. handkerchief 헹커치프
 [손수건]

*handkerchief   handkerchief   handkerchief*

*handkerchief   handkerc*

24. heart 할트
 [심장]

*heart   heart   heart   heart   heart   heart*

*heart   hear   hea   he*

## a~z Words 영어 필기체로 쓰기 연습 [9]

※ a~z까지의 단어를 영어 필기체로 예쁘고 바르게 써 보세요.

25. ice cream 아이스크림
    [아이스크림]

*ice cream   ice cream   ice cream   ice cream*

*ice cream   ice cr*

26. ink 잉크
    [잉크]

*ink   ink   ink   ink   ink   ink   ink*

*ink   ink   ink   in   i*

27. island 아일랜드
    [섬]

*island   island   island   island   island*

*island   isla   isl*

## a~z Words 영어 필기체로 쓰기 연습 [10]

※ a~z까지의 단어를 영어 필기체로 예쁘고 바르게 써 보세요.

**28. journalist** 저널리스트
[기자]

*journalist*　　*journalist*　　*journalist*

*journalist*　　*jour*

**29. junk** 정크
[쓰레기]

*junk*　*junk*　*junk*　*junk*　*junk*　*junk*

*junk*　*jun*　*ju*　*j*

**30. jungle** 정글
[밀림지대]

*jungle*　*jungle*　*jungle*　*jungle*　*jungle*

*jungle*　*jung*　*jun*

## a~z Words 영어 필기체로 쓰기 연습 [11]

※ a~z까지의 단어를 영어 필기체로 예쁘고 바르게 써 보세요.

31. Korea 코리아
    [한국]

*Korea* Korea Korea Korea Korea Korea

Korea Kor Ko K

32. kitchen 키친
    [부엌]

*kitchen* kitchen kitchen kitchen

kitchen kitc ki

33. kin 킨
    [친척, 민족]

*kin* kin kin kin kin kin kin

kin kin kin ki k

## a~z Words 영어 필기체로 쓰기 연습 [12]

※ a~z까지의 단어를 영어 필기체로 예쁘고 바르게 써 보세요.

**34. labor** 레이버
[노동]

*labor  labor  labor  labor  labor  labor*

*labor  labo  lab  la*

**35. library** 라이브러리
[도서관]

*library  library  library  library  library*

*library  librar  libr*

**36. lion** 라이언
[사자]

*lion  lion  lion  lion  lion  lion  lion*

*lion  lion  lio  li  l*

## a~z Words 영어 필기체로 쓰기 연습 [13]

※ a~z까지의 단어를 영어 필기체로 예쁘고 바르게 써 보세요.

37. market 마킷
    [시장]

*market market market market market*

*market mark ma*

38. milk 밀크
    [우유]

*milk milk milk milk milk milk*

*milk mil mi m*

39. mirror 미러
    [거울]

*mirror mirror mirror mirror mirror*

*mirror mirr mi*

# a~z Words 영어 필기체로 쓰기 연습 [14]

※ a~z까지의 단어를 영어 필기체로 예쁘고 바르게 써 보세요.

### 40. night 나이트
[밤]

*night* *night* *night* *night* *night* *night*

*night* *nig* *ni* *n*

### 41. notebook 노트북
[노트]

*notebook* *notebook* *notebook* *notebook*

*notebook* *note* *no*

### 42. nurse 널스
[간호사]

*nurse* *nurse* *nurse* *nurse* *nurse* *nurse*

*nurse* *nurs* *nur* *nu*

## a~z Words 영어 필기체로 쓰기 연습 [15]

※ a~z까지의 단어를 영어 필기체로 예쁘고 바르게 써 보세요.

43. officer 어피서
    [경찰관]

*officer officer officer officer officer officer*

*officer offic offi of*

44. octopus 악터퍼스
    [문어]

*octopus octopus octopus octopus*

*octopus octo oc*

45. orange 어렌지
    [오렌지]

*orange orange orange orange orange*

*orange oran ora*

# a~z Words 영어 필기체로 쓰기 연습 [16]

※ a~z까지의 단어를 영어 필기체로 예쁘고 바르게 써 보세요.

46. parent 페어런츠
    [부모]

*parent*　*parent*　*parent*　*parent*　*parent*

*parent*　*pare*　*par*

47. pencil 펜서
    [연필]

*pencil*　*pencil*　*pencil*　*pencil*　*pencil*

*pencil*　*penci*　*penc*

48. potato 퍼테이토우
    [감자]

*potato*　*potato*　*potato*　*potato*　*potato*

*potato*　*potat*　*pota*

## a~z Words 영어 필기체로 쓰기 연습 [17]

※ a~z까지의 단어를 영어 필기체로 예쁘고 바르게 써 보세요.

49. queen 퀸
    [여왕]

*queen* *queen* *queen* *queen* *queen* *queen*

*queen* *quee* *que* *qu*

50. quilt 퀼트
    [누비이불]

*quilt* *quilt* *quilt* *quilt* *quilt* *quilt*

*quilt* *quil* *qui* *qu*

51. quill 퀼
    [꽁지깃]

*quill* *quill* *quill* *quill* *quill* *quill*

*quilt* *quil* *qui* *qu*

## a~z Words 영어 필기체로 쓰기 연습 [18]

※ a~z까지의 단어를 영어 필기체로 예쁘고 바르게 써 보세요.

52. radio 레이디오
    [라디오]

*radio* *radio* *radio* *radio* *radio* *radio*

*radio* *radi* *rad* *ra*

53. robot 로우벗
    [로봇]

*robot* *robot* *robot* *robot* *robot* *robot*

*robot* *robo* *rob* *ro*

54. rooster 루스터
    [수탉]

*rooster* *rooster* *rooster* *rooster* *rooster*

*rooster* *rooste* *roos*

## a~z Words 영어 필기체로 쓰기 연습 [19]

✳ a~z까지의 단어를 영어 필기체로 예쁘고 바르게 써 보세요.

55. school 스쿨
    [학교]

*school* *school* *school* *school* *school*

*school* *scho* *sch*

56. shoe 슈
    [구두]

*shoe* *shoe* *shoe* *shoe* *shoe* *shoe* *shoe*

*shoe* *shoe* *sho* *sh* *s*

57. strawberry 스토로우베리
    [딸기]

*strawberry* *strawberry* *strawberry*

*strawberry* *strawb*

# a~z Words 영어 필기체로 쓰기 연습 [20]

※ a~z까지의 단어를 영어 필기체로 예쁘고 바르게 써 보세요.

58. tablecloth 테이블크로스
    [식탁보]

*tablecloth*    *tablecloth*    *tablecloth*

*tablecloth*    *tablec*

59. taxi 택시
    [택시]

*taxi*   *taxi*   *taxi*   *taxi*   *taxi*   *taxi*

*taxi*   *taxi*   *ta*   *t*

60. tomato 터메이토
    [토마토]

*tomato*   *tomato*   *tomato*   *tomato*

*tomato*   *toma*   *tom*

# a~z Words 영어 필기체로 쓰기 연습 [21]

※ a~z까지의 단어를 영어 필기체로 예쁘고 바르게 써 보세요.

61. umbrella 엄브렐러
    [우산]

*umbrella    umbrella    umbrella    umbrella*

*umbrella    umbre    umb*

62. uncle 엉클
    [삼촌, 고모부, 이모부]

*uncle    uncle    uncle    uncle    uncle    uncle*

*uncle    uncl    unc    un*

63. university 유니버시티
    [대학교]

*university    university    university*

*university    univer*

## a~z Words 영어 필기체로 쓰기 연습 [22]

※ a~z까지의 단어를 영어 필기체로 예쁘고 바르게 써 보세요.

**64. vegetable** 벡처터블
[채소]

*vegetable   vegetable   vegetable   vegetable*

*vegetable   veget   vege*

**65. village** 빌리지
[마을]

*village   village   village   village   village*

*village   villa   vi*

**66. violin** 바이얼린
[바이올린]

*violin   violin   violin   violin   violin   violin*

*violin   violi   viol   vio*

## a~z Words 영어 필기체로 쓰기 연습 [23]

※ a~z까지의 단어를 영어 필기체로 예쁘고 바르게 써 보세요.

67. wallet 와일럿
    [지갑]

*wallet*   *wallet*   *wallet*   *wallet*   *wallet*

*wallet*   *wall*   *wa*

68. waterfall 워러폴
    [폭포]

*waterfall*   *waterfall*   *waterfall*   *waterfall*

*waterfall*   *waterf*

69. window 윈도우
    [창문]

*window*   *window*   *window*   *window*

*window*   *windo*   *wind*

## a~z Words 영어 필기체로 쓰기 연습 [24]

※ a~z까지의 단어를 영어 필기체로 예쁘고 바르게 써 보세요.

70. axeman 엑시맨
   [나무꾼]

*axeman    axeman    axeman    axeman*

*axeman    axe    ax*

71. boxer 박서
   [권투선수]

*boxer    boxer    boxer    boxer    boxer*

*boxer    box    bo*

72. oxygen 악시젠
   [산소]

*oxygen    oxygen    oxygen    oxygen*

*oxygen    oxyg    oxy*

77

## a~z Words 영어 필기체로 쓰기 연습 [25]

※ a~z까지의 단어를 영어 필기체로 예쁘고 바르게 써 보세요.

**73. year** 이어
[연도]

*year* *year year year year year year*

*year year yea ye y*

**74. yesterday** 예스터데이
[어제]

*yesterday yesterday yesterday yesterday*

*yesterday yest yes*

**75. young** 영
[젊은이]

*young young young young young*

*young you yo*

# a~z Words 영어 필기체로 쓰기 연습 [26]

※ a~z까지의 단어를 영어 필기체로 예쁘고 바르게 써 보세요.

76. zebra 지브러
    [얼룩말]

77. zero 지러우
    [제로]

78. zoo 주우
    [동물원]

# 영어 필기체로 단어 [Words] 쓰기 연습

※ 단어를 영어 필기체로 자유롭게 써 보세요.

# Part 04 문장[Sentence] 쓰기 연습

- Greeting Sentence 영어 필기체로 쓰기 연습
- Thank Sentence 영어 필기체로 쓰기 연습
- Sorry Sentence 영어 필기체로 쓰기 연습
- Family Sentence 영어 필기체로 쓰기 연습
- Saying Sentence 영어 필기체로 쓰기 연습
- Note Sentence 영어 필기체로 쓰기 연습
- Brain Sentence 영어 필기체로 쓰기 연습
- Phone Sentence 영어 필기체로 쓰기 연습
- Korea Sentence 영어 필기체로 쓰기 연습
- Zoo Sentence 영어 필기체로 쓰기 연습
- Wash Sentence 영어 필기체로 쓰기 연습
- Weather Sentence 영어 필기체로 쓰기 연습
- Etiquette Sentence 영어 필기체로 쓰기 연습
- Job Sentence 영어 필기체로 쓰기 연습
- Dream Sentence 영어 필기체로 쓰기 연습
- Happy Sentence 영어 필기체로 쓰기 연습

# Greeting Sentence 영어 필기체로 쓰기 연습 [1]

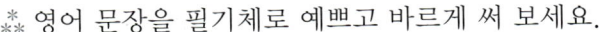
※ 영어 문장을 필기체로 예쁘고 바르게 써 보세요.

하 아 유?
1. How are you?

안녕?

*How are you?  How are you?*

파인 쌩 큐유 앤 유?
2. Fine, thank you. and you?

좋아. 고마워 너는 어때?

*Fine, thank you. and you?*

프리티 굿!
3. Pretty good!

아주 좋아!

*Pretty good!  Pretty good!*

# Greeting Sentence 영어 필기체로 쓰기 연습 [2]

※※ 영어 문장을 필기체로 예쁘고 바르게 써 보세요.

럭키 유!
4. Lucky you!

자네 운이 좋았어!

*Lucky you!      Lucky you!*

하이 굿 투 씨 유 어겐.
5. Hi! Good to see you again.

안녕! 또 만나서 반가워.

*Hi! Good to see you again.*

굿 투 시 유 어겐 투.
6. Good to see you again, too.

나도 다시 만나서 반가워.

*Good to see you again, too.*

# Greeting Sentence 영어 필기체로 쓰기 연습 [3]

※ 영어 문장을 필기체로 예쁘고 바르게 써 보세요.

해브  어 나이스  데이.
7. Have a nice day.

즐거운 하루 되세요.

*Have a nice day. Have a nice day.*

땡쓰   잇츠 베리   카인 어브 유.
8. Thanks. It's very kind of you.

고마워요. 친절하시군요.

*Thanks. It's very kind of you.*

두  유  스피크   잉글리쉬?
9. Do you speak English?

영어 할 줄 아시나요?

*Do you speak English?*

# Thank Sentence 영어 필기체로 쓰기 연습 [1]

※ 영어 문장을 필기체로 예쁘고 바르게 써 보세요.

쌩 큐유 투 올 마이 팬스.
1. Thank you to all my fans.

   모든 팬들에게 감사를 드립니다.

   *Thank you to all my fans.*

땡쓰 포 올 유어 헬프.
2. Thanks for all your help.

   도와주셔서 감사합니다.

   *Thanks for all your help.*

쌩 큐유 어게인 포 왓 유 디드.
3. Thank you again for what you did.

   다시 한 번 도와주셔서 감사드립니다.

   *Thank you again for what you did.*

# Thank Sentence 영어 필기체로 쓰기 연습 [2]

※ 영어 문장을 필기체로 예쁘고 바르게 써 보세요.

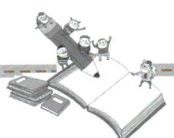

아이 어프리쉐이트  유어  헬프.
4. I appreciate your help.

도와주셔서 고맙습니다.

*I appreciate your help.*

아 윌  쌩  큐유 포  에브리싱  프럼 나우 온.
5. I will thank you for everything from now on.

지금부터 모든 일에 고맙다고 말하겠어요.

*I will thank you for everything from now on.*

와이  던  유 세이  쌩  큐유 투 유어  페어런츠?
6. Why don't you say "thank you" to your parents?

부모님께 "감사합니다." 라고 말하는 게 어때요?

*Why don't you say "thank you"*

*to your parents?*

# Thank Sentence 영어 필기체로 쓰기 연습 [3]

※※ 영어 문장을 필기체로 예쁘고 바르게 써 보세요.

쌩   큐유   포   프로텍팅   아우어   컨트리!
7. Thank you for protecting our country!

우리나라를 지켜주셔서 감사합니다!

*Thank you for protecting our country!*

쌩   큐유   베리   머치   포   유   나이스   기프트!
8. Thank you very much for your nice gift!

훌륭한 선물을 보내주셔서 감사합니다!

*Thank you very much for your nice gift!*

쌩   큐유   포   리딩   스로우.
9. Thank you for reading through.

끝까지 읽어주셔서 감사합니다.

*Thank you for reading through.*

## Thank Sentence 영어 필기체로 쓰기 연습 [4]

※ 영어 문장을 필기체로 예쁘고 바르게 써 보세요.

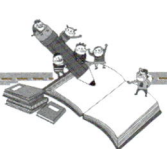

와이 던 츄 라이트 쌩 큐유 레터 투 뎀?
10. Why don't you write thank you letters to them?

그들을 위해 감사 편지를 쓰는 건 어떨까요?

*Why don't you write thank you letters*

*to them?*

쌩 큐유 포 유어 하드 워크 티쳐스!
11. Thank you for your hard work, teachers!

선생님 노고에 감사드립니다!

*Thank you for your hard work, teachers!*

세잉 쌩 큐유 이즈 베리 임포턴트.
12. Saying "Thank you" is very important.

"감사합니다." 라고 말하는 것은 매우 중요합니다.

*Saying "Thank you" is very important*

# Sorry Sentence 영어 필기체로 쓰기 연습 [1]

**\*\* 영어 문장을 필기체로 예쁘고 바르게 써 보세요.**

아 앰 쏘리 투 히어 댓 유 갓 식.
1. I am sorry to hear that you got sick.

   네가 아프다니 유감이야.

   *I am sorry to hear that you got sick.*

아 앰 쏘리 포 마이 레이트 리스폰스.
2. I am sorry for my late response.

   답장 늦어서 죄송합니다.

   *I am sorry for my late response.*

아 앰 쏘리 투 디스포인트 유.
3. I am sorry to disappoint you.

   당신을 실망시켜서 미안합니다.

   *I am sorry to disappoint you.*

# Sorry Sentence 영어 필기체로 쓰기 연습 [2]

※ 영어 문장을 필기체로 예쁘고 바르게 써 보세요.

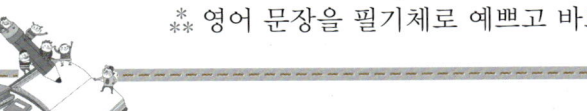

아 앰  쏘리 아이 해브  유  웨이팅.
4. I am sorry I have you waiting.

기다리게 해서 죄송합니다.

*I am sorry I have you waiting.*

우드  유  마인드  스피킹  어 리틀  모어  슬로우리?
5. Would you mind speaking a little more slowly?

죄송하지만 좀 천천히 말씀해 주시겠습니까?

*Would you mind speaking a little more slowly?*

아 앰  쏘리, 아이 윌  비  압센트  투데이.
6. I am sorry, I will be absent today.

죄송하지만 오늘은 좀 쉬겠습니다.

*I am sorry, I will be absent today.*

# Sorry Sentence 영어 필기체로 쓰기 연습 [3]

** 영어 문장을 필기체로 예쁘고 바르게 써 보세요.

아임 쏘리 포 커징 소우 머치 투러블.
7. I'm sorry for causing so much trouble.

**폐를 끼쳐서 죄송합니다**

*I'm sorry for causing so much trouble.*

왓 배드 럭. 아 앰 쏘리 투 히어 댓.
8. What bad luck. I am sorry to hear that.

**운이 없구나, 유감이야.**

*What bad luck. I am sorry to hear that.*

아 앰 베리 쏘리, 벗 우드 유 리피트 잇 원스 모어?
9. I am very sorry, but would you repeat it once more?

**죄송합니다만, 다시 한 번 말씀해 주시겠습니까?**

*I am very sorry, but would you repeat it once more?*

## Sorry Sentence 영어 필기체로 쓰기 연습 [4]

※ 영어 문장을 필기체로 예쁘고 바르게 써 보세요.

아 앰 쏘리 아 해븐트 리튼 어 싱글 레터 투 유.
10. I am sorry I haven't written a single letter to you.
그동안 소식을 드리지 못해 죄송합니다.

*I am sorry I haven't written a single letter to you.*

아임 쏘리 아 해븐트 리튼 투 유 포 서치 어 롱 타임.
11. I'm sorry I haven't written to you for such a long time.
오랫동안 편지를 못 드려 죄송합니다.

*I'm sorry I haven't written to you for such a long time.*

아임 쏘리 투 투러블 유 웬 유 아 쏘 비지.
12. I'm sorry to trouble you when you are so busy.
바쁘신데 죄송합니다.

*I'm sorry to trouble you when you are so busy.*

# Family Sentence 영어 필기체로 쓰기 연습 [1]

※ 영어 문장을 필기체로 예쁘고 바르게 써 보세요.

하우 이즈 유어 패밀리?
1. How is your family?

당신의 가족은 안녕하십니까?

*How is your family?*

아이 호프 유 해브 어 그레이트 데이 위드 유어 패밀리!
2. I hope you have a great day with your family!

가족들과 멋진 하루를 보내세요!

*I hope you have a great day with your family!*

두 유 노우 하우 머치 유어 대디 러브즈 유?
3. Do you know how much your daddy loves you?

여러분은 아빠가 여러분을 얼마나 사랑하는지 알고 있나요?

*Do you know how much your daddy loves you?*

# Family Sentence 영어 필기체로 쓰기 연습 [2]

※ 영어 문장을 필기체로 예쁘고 바르게 써 보세요.

마이 그랜드파더 리브드 인 더 컨트리사이드.
4. My grandfather lived in the countryside.

우리 할아버지는 시골에 살았습니다.

*My grandfather lived in the countryside.*

아이 유즈 투 비지 마이 그랜마 듀어링 마이 섬머 버케이션.
5. I used to visit my grandma during my summer vacation.

나는 여름방학 동안 우리 할머니 댁을 방문하곤 했었어.

*I used to visit my grandma during my summer vacation.*

아이 싱크 머더스 올 오버 더 월드 아 저스트 어메이징.
6. I think mothers all over the world are just amazing.

세상의 어머니들은 다 대단한 것 같아.

*I think mothers all over the world are just amazing.*

# Family Sentence 영어 필기체로 쓰기 연습 [3]

※ 영어 문장을 필기체로 예쁘고 바르게 써 보세요.

아이 러브 마이 리틀 브라더 베리 머치.
7. I love my little brother very much.

　　나는 내 동생을 너무나 사랑해.

*I love my little brother very much.*

마이 투 시스터즈 앤 아이 헬드 어 스페셜 콘서트 아우어 페어런츠.
8. My two sisters and I held a special concert our parents.

　　언니, 동생과 저는 부모님을 위해 특별한 콘서트를 열었습니다.

*My two sisters and I held a special*

*concert our parents.*

엉클즈, 안츠, 앤 커즌스, 웨어 올 데어.
9. Uncles, aunts, and cousins were all there.

　　삼촌들, 이모들, 그리고 사촌들이 모두 그곳에 있었어.

*Uncles, aunts, and cousins were all there.*

# Family Sentence 영어 필기체로 쓰기 연습 [4]

※ 영어 문장을 필기체로 예쁘고 바르게 써 보세요.

온 뉴 이어즈 이브, 아이 파티드 위드 마이 패밀리.
10. On new year's eve, I partied with my family.

새해 전날, 가족과 파티를 했어.

*On new year's eve, I partied with my family.*

마이 패밀리 엔조이드 어 심플 크리스마스 파티.
11. My family enjoyed a simple Christmas party.

우리 가족은 간단한 크리스마스 파티를 즐겼어.

*My family enjoyed a simple Christmas party.*

마이 패밀리 앤 아이 아 올 웰, 투.
12. My family and I are all well, too.

제 가족과 저도 역시 모두 건강하게 잘 지내고 있습니다.

*My family and I are all well, too.*

# Saying Sentence 영어 필기체로 쓰기 연습 [1]

** 영어 문장을 필기체로 예쁘고 바르게 써 보세요.

사이런스 이즈 골든, 에즈 더 올드 세잉 고우즈.
1. Silence is golden, as the old saying goes.

옛 속담에 '침묵은 금'이라는 말이 있다.

*Silence is golden, as the old saying goes.*

어 프렌 인 니드 이즈 어 프렌 인디드.
2. A friend in need is a friend indeed.

어려울 때 친구가 진정한 친구이다.

*A friend in need is a friend indeed.*

어 픽쳐 이즈 워스 어 사우전 워즈.
3. A Picture is worth a thousand words.

천 마디의 말보다 한 번 보는 것이 더 낫다. 백문이 불여일견.

*A Picture is worth a thousand words.*

# Saying Sentence 영어 필기체로 쓰기 연습 [2]

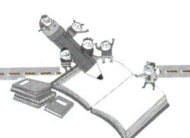

❋ 영어 문장을 필기체로 예쁘고 바르게 써 보세요.

액션   스피크   라우더   덴   워즈.
4. Actions speak louder than words.

말보다는 행동이 중요하다.

*Actions speak louder than words.*

애프터   데스   투   콜   더   닥터.
5. After death, to call the doctor.

죽고 난 후 의사 부르기. 소 잃고 외양간 고치기.

*After death, to call the doctor.*

베러   레이트   덴   네버.
6. Better late than never.

늦어도 안 하는 것보다는 낫다.

*Better late than never.*

# Saying Sentence 영어 필기체로 쓰기 연습 [3]

※ 영어 문장을 필기체로 예쁘고 바르게 써 보세요.

블러드 이즈 씨커 덴 워러.
7. Blood is thicker than water.

　피는 물보다 진하다.

*Blood is thicker than water.*

던 크라이 비퍼 유 아 헐트.
8. Don't cry before you are hurt.

　아프기 전에는 울지 마라. 미리 걱정하지 말라.

*Don't cry before you are hurt.*

유 캔트 해브 유어 케이크 엔 에트 잇.
9. You can't have your cake and eat it.

　과자를 먹으면 그것을 먹을 수 없다. 두 마리 토끼를 잡을 수 없다.

*You can't have your cake and eat it.*

# Saying Sentence 영어 필기체로 쓰기 연습 [4]

※ 영어 문장을 필기체로 예쁘고 바르게 써 보세요.

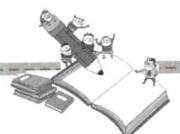

타임 파일즈 라이크 언 애로우!
10. Time files like an arrow!

시간은 화살처럼 빠르다!

*Time files like an arrow!*

데어 이즈 노 로얄 웨이 투 러닝.
11. There is no royal way to learning.

배움에는 왕도가 없다.

*There is no royal way to learning.*

날리지 이즈 파워.
12. Knowledge is power.

아는 것이 힘이다.

*Knowledge is power.*

# Note Sentence 영어 필기체로 쓰기 연습 [1]

※ 영어 문장을 필기체로 예쁘고 바르게 써 보세요.

히  노티드  다운  에브리  워두  소  티쳐  세이드.
1. He noted down every word the teacher said.

그는 선생님의 말을 한마디도 빠뜨리지 않고 노트했다.

*He noted down every word the teacher said.*

굿  노트  테이킹  이즈  이븐  모어  댄  댓.
2. Good note-taking is even more than that.

노트 필기를 잘하는 것은 심지어 그것 이상이다.

*Good note-taking is even more than that.*

리코드,  리듀스,  리사이트,  리플렉트,  앤  리뷰  유어  노트스.
3. Record, Reduce, Recite, Reflect, and Review your notes.

노트를 기록하고, 줄이고 암송하고, 곰곰이 생각하고, 복습하라.

*Record, Reduce, Recite, Reflect, and Review your notes.*

# Note Sentence 영어 필기체로 쓰기 연습 [2]

✵ 영어 문장을 필기체로 예쁘고 바르게 써 보세요.

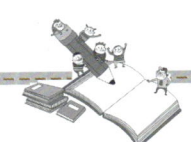

아이 툭   노트스 인 더    노트북.
4. I took notes in the notebook.

나는 노트에 메모를 하였다.

*I took notes in the notebook.*

아 윌 라이트    에브리싱    인 잉글리쉬
5. I will write everything in English.

이제부터 모든 것을 영어로 쓸 것이다.

*I will write everything in English.*

아이 니드 투 캐리 올 마이 북스  앤   노트북스 투 클래스.
6. I need to carry all my books and notebooks to class.

나는 수업에 책과 노트를 모두 가지고 가야 한다.

*I need to carry all my books and notebooks to class.*

# Brain Sentence 영어 필기체로 쓰기 연습 [1]

※ 영어 문장을 필기체로 예쁘고 바르게 써 보세요.

러닝  어  포린   랭귀지  이즈  굿  포  유어  브레인.
1. Learning a foreign language Is good for your brain.

   외국어를 배우면 여러분 두뇌에 좋아요.

*Learning a foreign language Is good for your brain.*

라이팅 이즈 올소  굿  포  유어  브레인.
2. Writing is also good for your brain.

   또한, 글쓰기도 두뇌에 좋습니다.

*Writing is also good for your brain.*

원  어브 더  베스트 브레인  푸즈  이즈 피시.
3. One of the best brain foods is fish.

   최고의 두뇌음식 중 한 가지는 생선입니다.

*One of the best brain foods is fish.*

# Brain Sentence 영어 필기체로 쓰기 연습 [2]

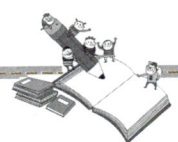

※ 영어 문장을 필기체로 예쁘고 바르게 써 보세요.

투라이 투 잇 헬시 푸드 포 유어 브레인!
4. Try to eat healthy food for your brain!

여러분의 두뇌를 위해 건강에 좋은 음식을 먹도록 하세요!

*Try to eat healthy food for your brain!*

어 브레인 니즈 엑서사이즈 저스트 라이크 어 머슬 도즈.
5. A brain needs exercise just like a muscle does.

두뇌는 근육과 같이 운동을 필요로 합니다.

*A brain needs exercise just like a muscle does.*

디드 유 노우 댓 유 캔 트레인 유어 브레인?
6. Did you know that you can train your brain?

여러분은 두뇌를 훈련시킬 수 있다는 사실을 알고 있었나요?

*Did you know that you can train your brain?*

# Phone Sentence 영어 필기체로 쓰기 연습 [1]

※ 영어 문장을 필기체로 예쁘고 바르게 써 보세요.

아이 스위치드 어프 마이 셀 폰 투 포커스 온 리딩.
1. I switched off my cell phone to focus on reading.

나는 독서에 집중하기 위해서 내 휴대폰을 껐다.

*I switched off my cell phone to focus on reading.*

투데이, 메니 피플, 인크루딩 칠드런, 유즈 셀 폰즈.
2. Today, many people, including children, use cell phones.

오늘날 어린이를 포함해 많은 사람들이 휴대폰을 사용합니다.

*Today, many people, including children, use cell phones.*

셀 폰즈 캔 헬프 스튜던트 위 데어 스터디스.
3. Cell phones can help students with their studies.

휴대폰은 학생들이 공부하는 데 도움을 줄 수 있다.

*Cell phones can help students with their studies.*

# Phone Sentence 영어 필기체로 쓰기 연습 [2]

※ 영어 문장을 필기체로 예쁘고 바르게 써 보세요.

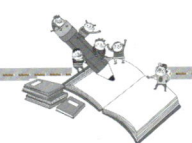

더　스마트폰　캔　기브 어프 스몰　어마운츠 어브 레디에이션 인투 유어 브레인.
4. The smartphone can give off small amounts of radiation into your brain!

당신의 뇌에 적은 양의 전자파를 내보낼 수 있어요!

*The smartphone can give off small*

*amounts of radiation into your brain!*

유　슈두　턴 어프 유어　스마트폰　웬 유 스터디!
5. You should turn off your smartphone when you study!

공부할 때는 스마트폰을 꺼놔야 해!

*You should turn off your smartphone*

*when you study!*

아이 이븐　갓 어　스마트폰　프럼 마이 대디!
6. I even got a smartphone from my dad!

아빠에게 스마트폰을 선물 받았어!

*I even got a smartphone from my dad!*

# Korea Sentence 영어 필기체로 쓰기 연습 [1]

** 영어 문장을 필기체로 예쁘고 바르게 써 보세요.

추석   이즈어  네이셔널   할리데이 인 코리아.
1. Chuseok is a national holiday in Korea.
   추석은 한국의 명절이다.

*Chuseok is a national holiday in Korea.*

위  해브  포   시즌   인 코리아.
2. We have four seasons in Korea.
   한국에는 사계절이 있어요.

*We have four seasons in Korea.*

한복스   아   트레셔널   코리언   크로스.
3. Hanboks are traditional Korean clothes.
   한복은 한국의 전통의상입니다.

*Hanboks are traditional Korean clothes.*

# Korea Sentence 영어 필기체로 쓰기 연습 [2]

※ 영어 문장을 필기체로 예쁘고 바르게 써 보세요.

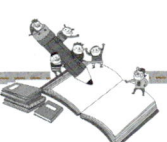

한옥　아　트레셔널　코리안　하우스.
4. Hanoks are traditional Korean houses.
한옥은 한국의 전통 가옥이다.

*Hanoks are traditional Korean houses.*

코리언　피플　잇 라이스 케이크 수프,　떡국.
5. Korean people eat rice cake soup, ttokkuk.
한국 사람들은 떡국을 먹는다.

*Korean people eat rice cake soup,*

*ttokkuk.*

데어　아　메니　컨트리즈　인 에이저,　인크루딩　코리아.
6. There are many countries in Asia, including Korea.
아시아에는 한국을 포함해 많은 나라들이 있습니다.

*There are many countries in Asia,*

*including Korea.*

# Zoo Sentence 영어 필기체로 쓰기 연습 [1]

※ 영어 문장을 필기체로 예쁘고 바르게 써 보세요.

이프 유 웬트 투 시 몽키즈 유 캔 고우 투 더 주우!
1. If you want to see monkeys, you can go to the zoo!

원숭이들이 보고 싶으면 동물원에 가면 된다.

*If you want to see monkeys,*

*you can go to the zoo!*

모스트 칠드런 웬트 투 고우 투 더 주우!
2. Most children want to go to the zoo!

대부분의 아이들은 동물원에 가고 싶어 한답니다!

*Most children want to go to the zoo!*

디 엘러펀트 이즈 더 빅게스트 이러 엣 더 주우.
3. The elephant is the biggest eater at the zoo.

코끼리는 이 동물원에서 가장 많이 먹는다.

*The elephant is the biggest eater at the*

*zoo.*

# Zoo Sentence 영어 필기체로 쓰기 연습 [2]

※ 영어 문장을 필기체로 예쁘고 바르게 써 보세요.

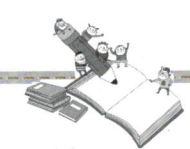

　　　　주키퍼스　　아　테이킹　굿　케어 어브 힘.
4. Zookeepers are taking good care of him.
   동물원 사육사들은 그를 잘 돌보고 있습니다.

*Zookeepers are taking good care of him.*

　　　　데어 아　메니　인터레스팅　애니멀스 앳 더　서울　주우.
5. There are many interesting animals at the Seoul Zoo.
   서울 동물원에는 재미있는 동물들이 많이 있습니다.

*There are many interesting animals at the Seoul Zoo.*

　　　　하우　어바웃　비지팅　더　서울 주우 위드 유어 패밀리?
6. How about visiting the Seoul Zoo with your family?
   가족들과 서울 동물원을 방문해 보는 건 어때요?

*How about visiting the Seoul Zoo with your family?*

# Wash Sentence 영어 필기체로 쓰기 연습 [1]

** 영어 문장을 필기체로 예쁘고 바르게 써 보세요.

아이 워시 마이 페이스 앤 브러쉬 마이 티스.
1. I wash my face and brush my teeth.

나는 세수를 하고 양치를 합니다.

*I wash my face and brush my teeth.*

비 슈어 투 워시 유어 핸즈 비포 어 미일.
2. Be sure to wash your hands before a meal.

식사 전에는 반드시 손을 씻어라.

*Be sure to wash your hands before a meal.*

디 워러 워즈 투 워시 유어 핸즈 애프터 유일 피니쉬드 유어 디너.
3. The water was to wash your hands after you'll finished your dinner.

그 물은 식사를 마친 후 손을 씻으라는 것이었습니다.

*The water was to wash your hands after you'll finished your dinner.*

## Wash Sentence 영어 필기체로 쓰기 연습 [2]

※ 영어 문장을 필기체로 예쁘고 바르게 써 보세요.

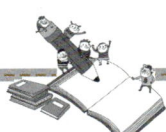

마이 파더 메이드 미 클린 마이 룸.
4. My father made me clean my room.

  아빠는 나에게 방청소를 시켰다.

*My father made me clean my room.*

메이크 슈어 유 클린 유어 데스크.
5. Make sure you clean your desk.

  꼭 책상을 청소하세요.

*Make sure you clean your desk.*

아이 코우퍼레이트 위드 마이 프렌즈 인 클링 더 크래스룸.
6. I cooperated with my friends in cleaning the classroom.

  나는 친구들과 협동하여 교실을 청소했다.

*I cooperated with my friends in cleaning the classroom.*

# Weather Sentence 영어 필기체로 쓰기 연습 [1]

∗∗ 영어 문장을 필기체로 예쁘고 바르게 써 보세요.

아이 필 그레이트 투데이 비코우즈 더 웨더 이즈 리얼리 나이스.
1. I feel great today because the weather is really nice.

오늘은 날씨가 정말 좋아서 기분이 좋아요.

*I feel great today because the weather is really nice.*

더 웨더 이즈 나이스 앤 웜.
2. The weather is nice and warm.

봄 날씨는 화창하고 따뜻합니다.

*The weather is nice and warm.*

댓 민스 콜드 템펄철스 할리데이즈 버케이션 앤 스노우.
3. That means cold temperatures, holidays, vacations and snow.

겨울은 날씨가 춥고, 연말연시, 방학이 있고, 눈이 온다.

*That means cold temperatures, holidays, vacations and snow.*

# Weather Sentence 영어 필기체로 쓰기 연습 [2]

※ 영어 문장을 필기체로 예쁘고 바르게 써 보세요.

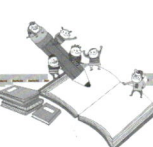

인 섬머 더 웨더 이즈 베리 핫.
4. In summer, the weather is very hot.

여름에는, 날씨가 매우 덥습니다.

*In summer, the weather is very hot.*

엔조이 더 폴 웨더 앤 스테이 헬스 칠드런!
5. Enjoy the fall weather and stay healthy, children!

가을 날씨를 즐기고 건강하게 지내요, 여러분!

*Enjoy the fall weather and stay healthy,*

*children!*

모스트 피플 아 웨이팅 포 더 웜 스프링 웨더.
6. Most people are waiting for the warm spring weather.

대부분의 사람들이 따뜻한 봄 날씨를 기다리고 있습니다.

*Most people are waiting for the warm*

*spring weather.*

114

# Etiquette Sentence 영어 필기체로 쓰기 연습 [1]

※ 영어 문장을 필기체로 예쁘고 바르게 써 보세요.

올웨이즈 킵 굿 테이블 메너스!
1. Always keep good table manners!

늘 좋은 식사 예절을 지키세요!

*Always keep good table manners!*

메니 칠드런 어텐디드 더 스쿨 투 런 트레디셔널 에티켓.
2. Many children attended the school to learn traditional etiquette.

많은 어린이들은 전통 예절을 배우기 위해 이 학교에 참석했습니다.

*Many children attended the school to learn traditional etiquette.*

위 니드 투 킵 셀 폰 에티켓.
3. We need to keep cell phone etiquette.

우리는 휴대폰 예절을 지킬 필요가 있어.

*We need to keep cell phone etiquette.*

# Etiquette Sentence 영어 필기체로 쓰기 연습 [2]

※ 영어 문장을 필기체로 예쁘고 바르게 써 보세요.

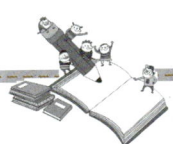

마이 페어런츠 웨어 베리 스트릭 어바웃 매너스.
4. My parents were very strict about manners.
   저희 부모님은 예절에 대해 매우 엄하셨어요.

*My parents were very strict about manners.*

이치 컨트리 해즈 디퍼런트 테이블 에티켓.
5. Each country has different table etiquette.
   각 나라에는 다양한 식사 에티켓이 있습니다.

*Each country has different table etiquette.*

렛츠 런 썸 에티켓 댓 캔 리듀스 플로어 노이즈!
6. Let's learn some etiquette that can reduce floor noise!
   층간 소음을 줄일 수 있는 몇 가지 에티켓을 배워볼래요!

*Let's learn some etiquette that can reduce floor noise!*

# Job Sentence 영어 필기체로 쓰기 연습 [1]

※ 영어 문장을 필기체로 예쁘고 바르게 써 보세요.

데어 아 메니 페이머스 치프 인 더 월드.
1. There are many famous chefs in the world.

이 세상에는 유명한 요리사들이 많이 있습니다.

*There are many famous chefs in the world.*

폴리스맨 앤 파이어멘 웨어 유니폼.
2. Policemen and firemen wear uniforms.

경찰관이나 소방관은 제복을 입고 있다.

*Policemen and firemen wear uniforms.*

파머스 그로우 플랜츠 앤 레이즈 애니멀스 온 어 팜.
3. Farmers grow plants, and raise animals on a farm.

농부들은 농장에서 식물을 기르고 동물들을 키운다.

*Farmers grow plants, and raise animals on a farm.*

# Job Sentence 영어 필기체로 쓰기 연습 [2]

※ 영어 문장을 필기체로 예쁘고 바르게 써 보세요.

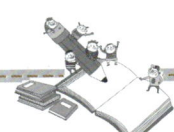

쉬   웍스   인  포 어  하스피털  애즈 어  너스.
4. She works in for a hospital as a nurse.

그녀는 병원에서 간호사로 근무하고 있다.

*She works in for a hospital as a nurse.*

아이 캐임   히어  투  웍  애즈 언  잉글리쉬   티이쳐.
5. I came here to work as an English teacher.

영어 교사로 일을 하러 왔습니다.

*I came here to work as an English teacher.*

"왓  두 유  두 포 어  리빙?"   "아임 언   어나운서."
6. "What do you do for a living?" "I'm an announcer."

직업이 무엇인지요? 아나운서입니다.

*"What do you do for a living?" "I'm an announcer."*

# Dream Sentence 영어 필기체로 쓰기 연습 [1]

※ 영어 문장을 필기체로 예쁘고 바르게 써 보세요.

홀드 온 투 유어 드림. 유 캔 두 잇, 투!
1. Hold on to your dream. You can do it, too!

여러분의 꿈을 지키세요. 여러분 역시 할 수 있습니다!

*Hold on to your dream. You can do it, too!*

스터디 하드 앤 유어 드림 윌 컴 츄루.
2. Study hard and your dream will come true.

공부를 열심히 하면 너의 꿈은 실현될 것이야.

*Study hard and your dream will come true.*

유 머스트 스터디 하드 투 메이크 유어 드림 컴 츄루.
3. You must study hard to make your dream come true.

네 꿈을 이루기 위해서 너는 공부를 열심히 해야 해.

*You must study hard to make your dream come true.*

# Dream Sentence 영어 필기체로 쓰기 연습 [2]

**※ 영어 문장을 필기체로 예쁘고 바르게 써 보세요.**

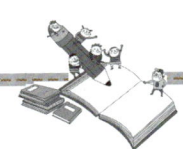

마이  드림  캐임  츄루  웬  아이 원  더  챔피온쉽.

4. My dream came true when I won the championship.

우승했을 때 내 꿈은 실현되었다.

*My dream came true when*

*I won the championship.*

마이  드림  케임  츄루  앤  아이 원  더  골드  메달!

5. My dream came true and I won the gold medal!

제 꿈은 실현됐고 저는 금메달을 땄어요!

*My dream came true and*

*I won the gold medal!*

아임  올레이즈  트라잉  앤  플레잉  투  퍼필  마이  드림.

6. I'm always trying and praying to fulfill my dream.

꿈을 이룰 수 있도록 항상 노력하고 기도하고 있습니다.

*I'm always trying and praying to fulfill*

*my dream.*

# Happy Sentence 영어 필기체로 쓰기 연습 [1]

✽✽ 영어 문장을 필기체로 예쁘고 바르게 써 보세요.

아 앰 소 해피 투 비 에이블 투 헬프 썸원.
1. I am so happy to be able to help someone.

내가 누군가를 도울 수 있어서 매우 행복합니다.

*I am so happy to be able to help someone.*

벗 유 해브 투 메이크 언 이포트 투 비 해피.
2. But you have to make an effort to be happy.

하지만, 행복해지기 위해서는 노력을 해야 합니다.

*But you have to make an effort to be happy.*

마이 위시 이즈 마이 패밀리 해피니스.
3. My wish is my family's happiness.

나의 소원은 우리 가족의 행복이랍니다.

*My wish is my family's happiness.*

# Happy Sentence 영어 필기체로 쓰기 연습 [2]

※ 영어 문장을 필기체로 예쁘고 바르게 써 보세요.

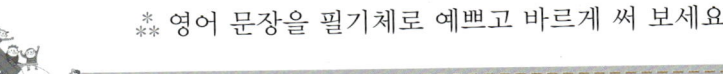

올  해피니스  어텐드  유  앤  유어스.
4. All happiness attend you and yours.

여러분과 가족의 행복을 빕니다.

*All happiness attend you and yours.*

아이  싱크  해피니스  디펜즈  온  석세스  프랜쉽  앤  패밀리.
5. I think happiness depends on success, friendship and family.

행복은 성공, 우정 그리고 가족에 달려 있다고 생각한다.

*I think happiness depends on success,*

*friendship and family.*

위  캔  런  투  셰어  해피니스  스로우  바렌티어  웍.
6. We can learn to share happiness through volunteer work.

우리는 봉사활동을 통해서 행복을 나누는 법을 배울 수 있어.

*We can learn to share happiness through*

*volunteer work.*

# Happy Sentence 영어 필기체로 쓰기 연습 [3]

※ 영어 문장을 필기체로 예쁘고 바르게 써 보세요.

헬스 이즈 더 파운데이션 어브 휴먼 해피니스.
7. Health is the foundation of human happiness.
   건강은 인간 행복의 으뜸이다.

*Health is the foundation of human happiness.*

히 드로우 어 파인 픽쳐 어브 히즈 퓨쳐 해피니스.
8. He drew a fine picture of his future happiness.
   그는 미래의 행복을 그려 보았다.

*He drew a fine picture of his future happiness.*

땡스 투 아워 헬스 앤 해피니스.
9. Thanks to our health and happiness.
   우리의 건강과 행복에 감사드립니다.

*Thanks to our health and happiness.*

# 영어 필기체로 문장 [Sentence] 완성하기

※ 문장을 영어 필기체로 자유롭게 써 보세요.

Part **한글의 영어 표기법**  05

- 자음·단모음·이중모음의 영어 표기법
- 한글 이름 영어 표기법 정확하게 익히기

# 자음·단모음·이중모음의 영어 표기법

♣ 한글을 로마자로 표기하는 법을 알아 두세요.

## 1. 한글 자음의 영어 표기법

| 한글 자음 | ㄱ | ㄴ | ㄷ | ㄹ | ㅁ | ㅂ | ㅅ | ㅇ | ㅈ | ㅊ | ㅋ | ㅌ | ㅍ | ㅎ |
|---|---|---|---|---|---|---|---|---|---|---|---|---|---|---|
| 로마자 표기 | g·k | n | d·t | r·l | m | b·p | s | ng | j | ch | k | t | p | h |

※ 'ㄱ, ㄷ, ㅂ'은 모음 앞에서 'g, d, b'로 적고, 자음 앞이나 어말 앞에서는 'k, t, p'로 적는다.

| 한글 쌍자음 | ㄲ | ㄸ | ㅃ | ㅆ | ㅉ |
|---|---|---|---|---|---|
| 로마자 표기 | kk | tt | pp | ss | jj |

## 2. 한글 단모음의 영어 표기법

| 한글 모음 | ㅏ | ㅓ | ㅗ | ㅜ | ㅡ | ㅣ | ㅐ | ㅔ | ㅚ | ㅟ |
|---|---|---|---|---|---|---|---|---|---|---|
| 로마자 표기 | a | eo | o | u | eu | i | ae | e | oe | wi |

## 3. 한글 이중모음의 영어 표기법

| 한글모음 | ㅑ | ㅕ | ㅛ | ㅠ | ㅒ | ㅖ | ㅘ | ㅙ | ㅝ | ㅞ | ㅢ |
|---|---|---|---|---|---|---|---|---|---|---|---|
| 로마자 표기 | ya | yeo | yo | yu | yae | ye | wa | wae | wo | we | ui |

※ 'ㅢ'는 'ㅣ'로 소리가 나더라도 'ui'로 적는다.

# 한글 이름 영어 표기법 정확하게 익히기 [1]

♣ 한글 이름의 영어 표기법을 바르게 알고 사용해 보세요.

 [가 ga] ▶ 각 gak ~ 끼 kki

| 각 gak | 간 gan | 갈 gal | 감 gam | 갑 gap | 갓 gat |
| 강 gang | 개 gae | 객 gaek | 거 geo | 건 geon | 걸 geol |
| 검 geom | 겁 geop | 게 ge | 겨 gyeo | 격 gyeok | 견 gyeon |
| 결 gyeol | 겸 gyeom | 겹 gyeop | 경 gyeong | 계 gye | 고 go |
| 곡 gok | 곤 gon | 골 gol | 곳 got | 공 gong | 곶 got |
| 과 gwa | 곽 gwak | 관 gwan | 괄 gwal | 광 gwang | 괘 gwae |
| 괴 goe | 굉 goeng | 교 gyo | 구 gu | 국 guk | 군 gun |
| 굴 gul | 굿 gut | 궁 gung | 권 gwon | 궐 gwol | 귀 gwi |
| 규 gyu | 균 gyun | 귤 gyul | 그 geu | 극 geuk | 근 geun |
| 글 geul | 금 geum | 급 geup | 긍 geung | 기 gi | 긴 gin |
| 길 gil | 김 gim | 까 kka | 깨 kkae | 꼬 kko | 꼭 kkok |
| 꽃 kkot | 꾀 kkoe | 꾸 kku | 꿈 kkum | 끝 kkeut | 끼 kki |

127

# 한글 이름 영어 표기법 정확하게 익히기 [2]

♣ 한글 이름의 영어 표기법을 바르게 알고 사용해 보세요.

**ㄴ** [나 na] ▶ 낙 nak ~ 님 nim

| 낙 nak | 난 nan | 날 nal | 남 nam | 납 nap | 낭 nang |
| 내 nae | 냉 naeng | 너 neo | 널 neol | 네 ne | 녀 nyeo |
| 녁 nyeok | 년 nyeon | 념 nyeom | 녕 nyeong | 노 no | 녹 nok |
| 논 non | 놀 nol | 농 nong | 뇌 noe | 누 nu | 눈 nun |
| 눌 nul | 느 neu | 늑 neuk | 늠 neum | 능 neung | 늬 nui |
| 니 ni | 닉 nik | 닌 nin | 닐 nil | 님 nim | |

**ㄷ** [다 da] ▶ 단 dan ~ 띠 tti

| 단 dan | 달 dal | 담 dam | 답 dap | 당 dang | 대 dae |
| 댁 daek | 더 deo | 덕 deok | 도 do | 독 dok | 돈 don |
| 돌 dol | 동 dong | 돼 dwae | 되 doe | 된 doen | 두 du |
| 둑 duk | 둔 dun | 뒤 dwi | 드 deu | 득 deuk | 들 deul |
| 등 deung | 디 di | 따 tta | 땅 ttang | 때 ttae | 또 tto |
| 뚜 ttu | 뚝 ttuk | 뜨 tteu | 띠 tti | | |

128

# 한글 이름 영어 표기법 정확하게 익히기 [3]

♣ 한글 이름의 영어 표기법을 바르게 알고 사용해 보세요.

## ㄹ [라 ra] ▶ 락 rak ~ 립 rip

| 락 rak | 란 ran | 람 ram | 랑 rang | 래 rae | 랭 raeng |
| 량 ryang | 렁 reong | 레 re | 려 ryeo | 력 ryeok | 련 ryeon |
| 렬 ryeol | 렴 ryeom | 렵 ryeop | 령 ryeong | 례 rye | 로 ro |
| 록 rok | 론 ron | 롱 rong | 뢰 roe | 료 ryo | 룡 ryong |
| 루 ru | 류 ryu | 륙 ryuk | 륜 ryun | 률 ryul | 륭 ryung |
| 르 reu | 륵 reuk | 른 reun | 름 reum | 릉 reung | 리 ri |
| 린 rin | 림 rim | 립 rip | | | |

## ㅁ [마 ma] ▶ 막 mak ~ 밀 mil

| 막 mak | 만 man | 말 mal | 망 mang | 매 mae | 맥 maek |
| 맨 maen | 맹 maeng | 머 meo | 먹 meok | 메 me | 며 myeo |
| 멱 myeok | 면 myeon | 멸 myeol | 명 myeong | 모 mo | 목 mok |
| 몰 mol | 못 mot | 몽 mong | 뫼 moe | 묘 myo | 무 mu |
| 묵 muk | 문 mun | 물 mul | 므 meu | 미 mi | 민 min |
| 밀 mil | | | | | |

# 한글 이름 영어 표기법 정확하게 익히기 [4]

♣ 한글 이름의 영어 표기법을 바르게 알고 사용해 보세요.

**ㅂ** [바 ba] ▶ 박 bak ~ 삐 ppi

| 박 bak | 반 ban | 발 bal | 밥 bap | 방 bang | 배 bae |
| 백 baek | 뱀 baem | 버 beo | 번 beon | 벌 beol | 범 beom |
| 법 beop | 벼 byeo | 벽 byeok | 변 byeon | 별 byeol | 병 byeong |
| 보 bo | 복 bok | 본 bon | 봉 bong | 부 bu | 북 buk |
| 분 bun | 불 bul | 붕 bung | 비 bi | 빈 bin | 빌 bil |
| 빔 bim | 빙 bing | 빠 ppa | 빼 ppae | 뻐 ppeo | 뽀 ppo |
| 뿌 ppu | 쁘 ppeu | 삐 ppi | | | |

**ㅅ** [사 sa] ▶ 삭 sak ~ 씨 ssi

| 삭 sak | 산 san | 살 sal | 삼 sam | 삽 sap | 상 sang |
| 샅 sat | 새 sae | 색 saek | 생 saeng | 서 seo | 석 seok |
| 선 seon | 설 seol | 섬 seom | 섭 seop | 성 seong | 세 se |
| 셔 syeo | 소 so | 속 sok | 손 son | 솔 sol | 솟 sot |
| 송 song | 쇄 swae | 쇠 soe | 수 su | 숙 suk | 순 sun |
| 술 sul | 숨 sum | 숭 sung | 쉬 swi | 스 seu | 슬 seul |

# 한글 이름 영어 표기법 정확하게 익히기 [5]

♣ 한글 이름의 영어 표기법을 바르게 알고 사용해 보세요.

| 슴 seum | 습 seup | 승 seung | 시 si | 식 sik | 신 sin |
| 실 sil | 심 sim | 십 sip | 싱 sing | 싸 ssa | 쌍 ssang |
| 쌔 ssae | 쏘 sso | 쑥 ssuk | 씨 ssi | | |

### ㅇ [아 a] ▶ 악 ak ~ 잉 ing

| 악 ak | 안 an | 알 al | 암 am | 압 ap | 앙 ang |
| 앞 ap | 애 ae | 액 aek | 앵 aeng | 야 ya | 약 yak |
| 얀 yan | 양 yang | 어 eo | 억 eok | 언 eon | 얼 eol |
| 엄 eom | 업 eop | 에 e | 여 yeo | 역 yeok | 연 yeon |
| 열 yeol | 염 yeom | 엽 yeop | 영 yeong | 예 ye | 오 o |
| 옥 ok | 온 on | 올 ol | 옴 om | 옹 ong | 와 wa |
| 완 wan | 왈 wal | 왕 wang | 왜 wae | 외 oe | 왼 oen |
| 요 yo | 욕 yok | 용 yong | 우 u | 욱 uk | 운 un |
| 울 ul | 움 um | 웅 ung | 워 wo | 원 won | 월 wol |
| 위 wi | 유 yu | 육 yuk | 윤 yun | 율 yul | 융 yung |
| 윷 yut | 으 eu | 은 eun | 을 eul | 음 eum | 읍 eup |

# 한글 이름 영어 표기법 정확하게 익히기 [6]

♣ 한글 이름의 영어 표기법을 바르게 알고 사용해 보세요.

| 응 eung | 의 ui | 이 i | 익 ik | 인 in | 일 il |

| 임 im | 입 ip | 잉 ing |

**ㅈ** [자 ja] ▶ 작 jak ~ 찌 jji

| 작 jak | 잔 jan | 잠 jam | 잡 jap | 장 jang | 재 jae |
| 쟁 jaeng | 저 jeo | 적 jeok | 전 jeon | 절 jeol | 점 jeom |
| 접 jeop | 정 jeong | 제 je | 조 jo | 족 jok | 존 jon |
| 졸 jol | 종 jong | 좌 jwa | 죄 joe | 주 ju | 죽 juk |
| 준 jun | 줄 jul | 중 jung | 쥐 jwi | 즈 jeu | 즉 jeuk |
| 즐 jeul | 즘 jeum | 즙 jeup | 증 jeung | 지 ji | 직 jik |
| 진 jin | 질 jil | 짐 jim | 집 jip | 징 jing | 짜 jja |
| 째 jjae | 쪼 jjo | 찌 jji |

**ㅊ** [차 cha] ▶ 착 chak ~ 칭 ching

| 착 chak | 찬 chan | 찰 chal | 참 cham | 창 chang | 채 chae |
| 책 chaek | 처 cheo | 척 cheok | 천 cheon | 철 cheol | 첨 cheom |
| 첩 cheop | 청 cheong | 체 che | 초 cho | 촉 chok | 촌 chon |

## 한글 이름 영어 표기법 정확하게 익히기 [7]

♣ 한글 이름의 영어 표기법을 바르게 알고 사용해 보세요.

| 총 chong | 최 choe | 추 chu | 축 chuk | 춘 chun | 출 chul |
| 춤 chum | 충 chung | 측 cheuk | 층 cheung | 치 chi | 칙 chik |
| 친 chin | 칠 chil | 침 chim | 칩 chip | 칭 ching | |

**ㅋ** [코 ko] ▶ 쾌 kwae ~ 키 ki

| 쾌 kwae | 크 keu | 큰 keun | 키 ki |

**ㅌ** [타 ta] ▶ 탁 tak ~ 티 ti

| 탁 tak | 탄 tan | 탈 tal | 탐 tam | 탑 tap | 탕 tang |
| 태 tae | 택 taek | 탱 taeng | 터 teo | 테 te | 토 to |
| 톤 ton | 톨 tol | 통 tong | 퇴 toe | 투 tu | 퉁 tung |
| 튀 twi | 트 teu | 특 teuk | 틈 teum | 티 ti | |

**ㅍ** [파 pa] ▶ 판 pan ~ 핍 pip

| 판 pan | 팔 pal | 패 pae | 팽 paeng | 퍼 peo | 페 pe |
| 펴 pyeo | 편 pyeon | 폄 pyeom | 평 pyeong | 폐 pye | 포 po |
| 폭 pok | 표 pyo | 푸 pu | 품 pum | 풍 pung | 프 peu |
| 피 pi | 픽 pik | 필 pil | 핍 pip | | |

# 한글 이름 영어 표기법 정확하게 익히기 [8]

♣ 한글 이름의 영어 표기법을 바르게 알고 사용해 보세요.

**ㅎ** [하 ha] ▶ 학 hak ~ 힘 him

| 학 hak | 한 han | 할 hal | 함 ham | 합 hap | 항 hang |
| 해 hae | 핵 haek | 행 haeng | 향 hyang | 허 heo | 헌 heon |
| 험 heom | 헤 he | 혀 hyeo | 혁 hyeok | 현 hyeon | 혈 hyeol |
| 혐 hyeom | 협 hyeop | 형 hyeong | 혜 hye | 호 ho | 혹 hok |
| 혼 hon | 홀 hol | 홉 hop | 홍 hong | 화 hwa | 확 hwak |
| 환 hwan | 활 hwal | 황 hwang | 홰 hwae | 횃 hwaet | 회 hoe |
| 획 hoek | 횡 hoeng | 효 hyo | 후 hu | 훈 hun | 훤 hwon |
| 훼 hwe | 휘 hwi | 휴 hyu | 휼 hyul | 흉 hyung | 흐 heu |
| 흑 heuk | 흔 heun | 흘 heul | 흠 heum | 흡 heup | 흥 heung |
| 희 hui | 흰 huin | 히 hi | 힘 him | | |

# 영어 필기체 직접 완성하기

※ 영어 필기체를 자유롭게 써 보세요.

## 영어 필기체 직접 완성하기

※ 영어 필기체를 자유롭게 써 보세요.